QINHEFENGYUN　YANSHULOUTAICHUZHIDIE

沁河风韵系列丛书　　　主编|行　龙

烟树楼台出雉堞
清末民初濩泽古城述略

王家胜|著

山西出版传媒集团　　山西人民出版社

图书在版编目（CIP）数据

烟树楼台出雉堞：清末民初濩泽古城述略 / 王家胜
著.—太原：山西人民出版社，2016.7
（沁河风韵系列丛书 / 行龙主编）
ISBN 978-7-203-09600-9

Ⅰ.①烟…　Ⅱ.①王…　Ⅲ.①古城–介绍–阳城县–
近代　Ⅳ.①K928.5

中国版本图书馆CIP数据核字（2016）第123575号

烟树楼台出雉堞：清末民初濩泽古城述略

丛书主编：行　龙
著　者：王家胜
责任编辑：冯灵芝
助理编辑：贾登红
装帧设计：子墨书坊

出 版 者：山西出版传媒集团·山西人民出版社
地　　址：太原市建设南路21号
邮　　编：030012
发行营销：0351-4922220　4955996　4956039　4922127（传真）
天猫官网：http://sxrmcbs.tmall.com　电话：0351-4922159
E-mail：sxskcb@163.com　发行部
　　　　 sxskcb@126.com　总编室
网　　址：www.sxskcb.com

经 销 者：山西出版传媒集团·山西人民出版社
承 印 者：山西臣功印刷包装有限公司

开　　本：720mm×1010mm　1/16
印　　张：11.75
字　　数：185千字
印　　数：1—1600册
版　　次：2016年7月　第1版
印　　次：2016年7月　第1次印刷
书　　号：ISBN 978-7-203-09600-9
定　　价：40.00元

风韵是那前代流传至今的风尚和韵致。

沁河是山西的一条母亲河。

沁河流域有其特有的风尚和韵致，

那悠久而深厚的历史文化传统至今依然风韵犹存。

这里是中华传统文明的孵化地，

这里是草原文化与中原文化交流的过渡带，

这里有闻名于世的北方城堡，

这里有相当丰厚的煤铁资源，

这里有山水环绕的地理环境，

这里更有那独特而深厚的历史文化风貌。

由此，我们组成"沁河风韵"学术工作坊，

由此，我们从校园和图书馆走向田野与社会，

走向风光无限、风韵犹存的沁河流域。

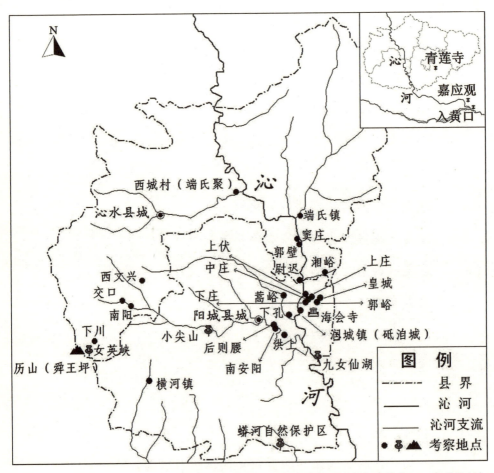

"沁河风韵学术工作坊"集体考察地点一览图（山西大学中国社会史研究中心　李嘎绘制）

三晋文化传承与保护协同创新中心

沁河風韵 学术工作坊

一个多学科融合的平台
一个众教授聚首的场域

第一场

鸣锣开张：

走向沁河流域

主讲人：行龙

中国社会史研究中心 教授

时间：2014年6月20日晚7：30
地点：山西大学中国社会史研究中心（審知楼）

"沁河风韵学术工作坊" 海报

田野考察

会议讨论

总　序

行　龙

　　"沁河风韵"系列丛书就要付梓了。我作为这套丛书的作者之一，同时作为这个团队的一分子，乐意受诸位作者之托写下一点感想，权且充序，既就教于作者诸位，也就教于读者大众。

　　"沁河风韵"是一套31本的系列丛书，又是一个学术团队的集体成果。31本著作，一律聚焦沁河流域，涉及历史、文化、政治、经济、生态、旅游、城镇、教育、灾害、民俗、考古、方言、艺术、体育等多方面，林林总总，蔚为大观。可以说，这是迄今有关沁河流域学术研究最具规模的成果展现，也是一次集中多学科专家学者比肩而事、"协同创新"的具体实践。

　　说到"协同创新"，是要费一点笔墨的。带有学究式的"协同创新"概念大意是这样：协同创新是创新资源和要素的有效汇聚，通过突破创新主体间的壁垒，充分释放彼此间人才、信息、技术等创新活力而实现深度合作。用我的话来说，就是大家集中精力干一件事情。教育部2011年《高等学校创新能力提升计划》（简称"2011计划"）提出，要探索适应于不同需求的协同创新模式，营造有利于协同创新的环境和氛围。具体做法上又提出"四个面向"：面向科学前沿、面向文化传承、面向行业产业、面向区域发展。

　　在这样一个背景之下，2014年春天，山西大学成立了"八大协同创新中心"，其中一个是由我主持的"三晋文化传承与保护协同创新中心"。在2013年11月山西大学与晋城市人民政府签署战略合作协议的基础上，在征求校内外多位专家学者意见的基础上，我们提出了集中校内外多学科同人对沁河流域进行集体考察研究的计划，"沁河风韵学术工作坊"由此诞生。

风韵是那前代流传至今的风尚和韵致。词有流风余韵，风韵犹存。

沁河是山西境内仅次于汾河的第二条大河，也是山西的一条母亲河。沁河流域有其特有的风尚和韵致：这里是中华传统文明的孵化器；这里是草原文化与中原文化交流的过渡带；这里有闻名于世的"北方城堡"；这里有相当丰厚的煤铁资源；这里有山水环绕的地理环境；这里更有那独特而丰厚的历史文化风貌。

横穿山西中部盆地的汾河流域以晋商大院那样的符号已为世人所熟识，太行山间的沁河流域却似乎是"养在深闺人不识"。与时俱进，与日俱新，沁河流域在滚滚前行的社会大潮中也在波涛翻涌。由此，我们注目沁河流域，我们走向沁河流域。

以"学术工作坊"的形式对沁河流域进行考察和研究，是由我自以为是、擅作主张提出来的。2014年6月20日，一个周五的晚上，我在中国社会史研究中心学术报告厅作了题为"鸣锣开张：走向沁河流域"的报告。在事先张贴的海报上，我特意提醒在左上角印上两行小字"一个多学科融合的平台，一个众教授聚首的场域"，其实就是工作坊的运行模式。

"工作坊"（workshop）是一个来自西方的概念，用中国话来讲就是我们传统上的"手工业作坊"。一个多人参与的场域和过程，大家在这个场域和过程中互相对话沟通，共同思考，调查分析，也就是众人的集体研究。工作坊最可借鉴的是三个依次递进的操作模式：首先是共同分享基本资料。通过这样一个分享，大家有了共同的话题和话语可供讨论，进而凝聚共识；其次是小组提案设计。就是分专题进行讨论，参与者和专业工作者互相交流意见；最后是全体表达意见。就是大家一起讨论即将发表的成果，将个体和小组的意见提交到更大的平台上进行交流。在6月20日的报告中，"学术工作坊"的操作模式得到与会诸位学者的首肯，同时我简单介绍了为什么是"沁河流域",为什么是沁河流域中游沁水—阳城段,沁水—阳城段有什么特征等问题,既是一个"抛砖引玉",又是一个"鸣锣开张"。

在集体走进沁河流域之前,我们特别强调做足案头工作,就是希望大家首先从文献中了解和认识沁河流域,结合自己的专业特长初步确定选题,以便在下一步的田野工作中尽量做到有的放矢。为此,我们专门请校图书馆的同志将馆藏有关沁河流域的文献集中在一个小区域,意在大家"共同分享基本资料",诸位开始埋头找文献、读资料,校图书馆和各院系及研究所的资料室里,出现了工作坊同人伏案苦读和沉思的身影。我们还特意邀请对沁河流域素有研究的资深专家、文学院沁水籍教授田同旭作了题为"沁水古村落漫谈"的学术报告;邀请中国社会史研究中心阳城籍教授张俊峰作了题为"阳城古村落历史文化刍议"的报告。经过这样一个40天左右"兵马未动,粮草先行"的过程,诸位都有了一种"才下眉头,又上心头"的感觉。

2014年7月29日,正值学校放暑假的时机,也是酷暑已经来临的时节,山西大学"沁河风韵学术工作坊"一行30多人开赴晋城市,下午在参加晋城市主持的简短的学术考察活动启动仪式后,又马不停蹄地赶赴沁水县,开始了为期10余天的集体田野考察活动。

"赤日炎炎似火烧,野田禾稻半枯焦。"虽是酷暑难耐的伏天,但"沁河风韵学术工作坊"的同人还是带着如火的热情走进了沁河流域。脑子里装满了沁河流域的有关信息,迈着大步行走在风光无限的沁河流域,图书馆文献中的文字被田野考察的实情实景顿时激活,大家普遍感到这次集体田野考察的重要和必要。从沁河流域的"北方城堡"窦庄、郭壁、湘峪、皇城、郭峪、砥洎城,到富有沁河流域区域特色的普通村庄下川、南阳、尉迟、三庄、下孔、洪上、后则腰;从沁水县城、阳城县城、古侯国国都端氏城,到山水秀丽的历山风景区、人才辈出的海会寺、香火缭绕的小尖山、气势壮阔的沁河入黄处;从舜帝庙、成汤庙、关帝庙、真武庙、河神庙，到土窑洞、石屋、四合院、十三院；从植桑、养蚕、缫丝、抄纸、制铁，到习俗、传说、方言、生态、旅游、壁画、建筑、武备；沁河流域的城镇乡村，桩桩件件，几乎都成为工作坊的同人们入眼入心、切磋讨论的对象。大家忘记了炎热，忘记了疲劳，忘记了口渴，忘记了腿酸，看到的只是沁河流域的历史与现实，想到的只是沁河流域的文献与田野。我真的被大家的工作热情所感染，60多岁的张明远、上官铁梁教授一点不让年轻人，他们一天也没有掉队；沁水县沁河文化研究会的王扎根老先生，不顾年老腿疾，一路为大家讲解，一次也没有落下；女同志们各个被伏天的热火烤脱了一层皮；年轻一点的小伙子们则争着帮同伴拎东西；摄影师麻林森和戴师傅在每次考察结束时总会"姗姗来迟"，因为他们不仅有拍不完的实景，还要拖着重重的器材！多少同人吃上"藿香正气胶囊"也难逃中暑，我也不幸"中招"，最严重的是8月5日晚宿横河镇，次日起床后竟然嗓子痛得说不出话来。

何止是"日出而作，日入而息"，不停地奔走，不停地转换驻地，夜间大家仍然在进行着小组讨论和交流，似乎是生怕白天的考察收获被炙热的夏夜掠走。8月6日、7日两个晚上，从7点30分到10点多，我们又集中进行了两次带有田野考察总结性质的学术讨论会。

8月8日，满载着田野考察的收获和喜悦，"沁河风韵学术工作坊"的同人们一起回到山西大学。

10余天的田野考察既是一次集中的亲身体验，又是小组交流和"小组提案设计"的过程。为了及时推进工作进度，在山西大学新学期到来之际，8月24日，我们召开了"沁河风韵学术工作坊"选题讨论会，各位同人从不同角度对各选题进行了讨论交流，深化了对相关问题的认识，细化了具体的研究计划。我在讨论会上还就丛书的成书体例和整体风格谈了自己的想法，诸位心领神会，更加心中有数。

与此同时，相关的学术报告和分散的田野工作仍在持续进行着。为了弥补集体考察时因天气原因未能到达沁河源头的缺憾，长期关注沁河上游生态环境的上官铁梁教授及其小组专门为大家作了一场题为"沁河源头话沧桑"的学术报告。自8月27日到9月18日，我们又特意邀请三位曾被聘任为山西大学特聘教授的地方专家就沁河流域的历史文化作报告：阳城县地方志办公室主任王家胜讲"沁河流域阳城段的文化密码"；沁水县沁河文化研究会副会长王扎根讲"沁河文化研究会对沁水古村落的调查研究"；晋城市文联副主席谢红俭讲"沁河古堡和沁河文化探讨"。三位地方专家对沁河流域历史文化作了如数家珍般的讲解，他们对生于斯、长于斯、情系于斯的沁河流域的心灵体认，进一步拓宽了各选题的研究视野，同时也加深了相互之间的学术交流。

这个阶段的田野工作仍然在持续进行着，只不过由集体的考察转换为小组的或个人的考察。上官铁梁先生带领其团队先后七次对沁河流域的生态环境进行了系统考察；美术学院张明远教授带领其小组两赴沁河流域，对十座以上的庙宇壁画进行了细致考察；体育学院李金龙教授两次带领其小组到晋城市体育局、武术协会、老年体协、门球协会等单位和古城堡实地走访；政治与公共管理学院董江爱教授带领其小组到郭峪和皇城进行深度访谈；文学院卫才华教授三次带领多位学生赶去参加"太行书会"曲艺邀请赛，观看演出，实地采访鼓书艺人；历史文化学院周亚博士两次到晋城市图书馆、档案馆、博物馆搜集有关蚕桑业的资料；考古专业的年轻博士刘辉带领学生走进后则腰、东关村、韩洪村等瓷窑遗址；中国社会史研究中心人类学博士郭永平三次实地考察沁河流域民间信仰；文学院民俗学博士郭俊红三次实地考察成汤信仰；文学院方言研究教授史秀菊第一次带领学生前往沁河流域，即进行了20天的方言调查，第二次干脆将端氏镇76岁的王小能请到山西大学，进行了连续10天的语音词汇核实和民间文化语料的采集；直到2015年的11月份，摄影师麻林森还在沁河流域进行着实地实景的拍摄，如此等等，循环往复，从沁河流域到山西大学，从田野考察到文献理解，工作坊的同人们各自辛勤劳作，乐在其中。正所谓"知之者不如好之者，好之者不如乐之者"。

2015年5月初，山西人民出版社的同志开始参与"沁河风韵系列丛书"的有关讨论会，工作坊陆续邀请有关作者报告自己的写作进度，一面进行着有关书稿的学术讨论，一面逐渐完善丛书的结构和体例，完成了工作坊第三阶段"全体表达意见"的规定程序。

"沁河风韵学术工作坊"是一个集多学科专家学者于一体的学术研究团队，也是一个多学科交流融合的学术平台。按照山西大学现有的学院与研究所（中心）计，成员遍布文学院、历史文化学院、政治与公共管理学院、教育学院、体育学院、美术学院、环境与资源学院、中国社会史研究中心、城乡发展研究院、体育研究所、方言研究所等十几个单位。按照学科来计，包括文学、史学、政治、管理、教育、体育、美术、生态、旅游、民俗、方言、摄影、考古等十多个学科。有同人如此议论说，这可能是山西大学有史以来最大规模的、真正的一次学科交流与融合，应当在山西大学的校史上写上一笔。以我对山大校史的有限研究而言，这话并未言过其实。值得提到的是，工作坊同人之间的互相交流，不仅使大家取长补短，而且使青年学者的学术水平得以提升，他们就"沁河风韵"发表了重要的研究成果，甚至以此申请到国家社科基金的项目。

"沁河风韵学术工作坊"是一次文献研究与田野考察相结合的学术实践，是图书馆和校园里的知识分子走向田野与社会的一次身心体验，也可以说是我们服务社会，服务民众，脚踏实地，乐此不疲的亲尝亲试。粗略统计，自2014年7月29日"集体考察"以来，工作坊集体或分课题组对沁河流域170多个田野点进行了考察，累计有2000余人次参加了田野考察。

沁河流域那特有的风尚和韵致，那悠久而深厚的历史文化传统吸引着我们。奔腾向前的社会洪流，如火如荼的现实生活在召唤着我们。中华民族绵长的文化根基并不在我们蜗居的城市，而在那广阔无垠的城镇乡村。知识分子首先应该是文化先觉的认识者和实践者，知识的种子和花朵只有回落大地才有可能生根发芽，绚丽多彩。这就是"沁河风韵学术工作坊"同人们的一个共识，也是我们经此实践发出的心灵呼声。

"沁河风韵系列丛书"是集体合作的成果。虽然各书具体署名，"文责自负"，也难说都能达到最初设计的"兼具学术性与通俗性"的写作要求，但有一点是共同的，那就是每位作者都为此付出了艰辛的劳作，每一本书的成稿都得到了诸多方面的帮助：晋城市人民政府、沁水县人民政府、阳城县人民政府给予本次合作高度重视；我们特意聘请的六位地方专家田澍中、谢红俭、王扎根、王家胜、姚剑、乔欣，特别是王扎根和王家胜同志在田野考察和资料搜集方面提供了不厌其烦的帮助；田澍中、谢红俭、王家胜三位专家的三本著述，为本丛书增色不少；难以数计的提供口述、接受采访、填写问卷，甚至嘘寒问暖的沁河流域的单位和普通民众付出的辛劳；田同旭教授的学术指导；张俊峰、吴斗庆同志组织协调的辛勤工作；成书过程中参考引用的各位著述作者的基本工作；山西人民出版社对本丛书出版工作的大力支持，都是我们深以为谢的。

前　言

（一）

千里太行，在这里蓦然驻足。

万里中条，在此峰回路转，一展雄姿。

高耸的王屋山，将它伟岸的身躯贴近这片神奇的土地。

来自太岳深处的老山风呼啸着，向世人讲述着这里发生的古老故事。

在中国，太行、中条、王屋（为中条支脉），总给人荡气回肠的感觉，总给人以古老和底气，总给人力量和信心。那不仅是因为列子所做的《愚公移山》这篇神奇的寓言，也不仅是因为抗日的烽火淬炼出的那首《我们在太行山上》、那篇散文《中条山的风》，还因为这里有绿绿的草、蓝蓝的天、不屈的人民、执着的信念，更有那悠久的历史、灿烂的文明……这一切，皆缘于老愚公留下的价值观，还有那愚公后人的精气神。

这里位于太行尽头、太岳之南、中条腹地、王屋北山，地处四山交汇之处，古名濩泽，今曰阳城。清人白象颢在《濩泽赋》中说阳城"接秦豫而肩耸，跨燕赵而臂舒""维气之灵，笃生英哲"，的确如此。四山将它的灵秀之气，毫无保留地钟毓于斯，难怪金状元李俊民在他的《庙学落成》一诗中发出"学者如牛毛，自古数濩泽"的感叹。

"千里来龙，此处结穴"，灵山之圣水在此形成了一个北国少有的深山大泽——濩泽（濩泽，是泽名，同时也是县名），波光浩淼，沙鸥翔集，引得无数英雄流连忘返。古城就坐落在主泽区之上。

愚公移山的故事也源于此，源于太行、王屋两山，源于阳城与济源的交汇处。故事所说的北山愚公，指的就是阳城的先人。明崇祯进士、清顺治刑部尚书白胤谦在《天王台号五首》之一中写道：

太行群山《禹贡》同，沁濩亦载《水经》中。地属唐虞旧畿

内，莫教人异古时风。

濩泽古城处在古冀州的中心地带，"地属唐虞旧畿内"，是华夏文明的发祥地之一。据史料记载，濩泽为古冀州的一部分，而古冀州正是中华文明的重要发韧地。古冀州的核心区在晋南和豫北，而濩泽正处在晋南和豫北的交汇点上。从黄帝算起，王屋山一带一直都是中华文明繁荣的中心。司马迁在《史记》中说："昔唐人都河东，殷人都河内，周人都河南。夫三河在天下之中，若鼎足，王者所更居也，建国各数百千岁。"也就是说，三河之地是中华文明的摇篮。而阳城正位于王屋山区，处于河东、河内、河南的中心地带。古濩泽神圣、神秘，在今阳城县横河镇银洞坪留下了盘古开天的开天石，还有女娲补天的娃娃崖、砍去四足的鳌背；距此不远处有伏羲启肇八卦的析城山，有玄女在此测天的九女仙台，有轩辕设坛祭天的天坛山。

中条山和太行山在中国历史上都以干旱而著称。濩泽县正因地处中条山、太行山的交汇点，所以就与干旱结了缘，才引得商汤在此祷雨，才有那史籍留传的《大濩》之乐和《桑林》之舞，才有那众多的汤庙。

濩泽的治所原在泽城（今属固隆乡），北魏兴安二年（453）迁来现址，已有1560多年的历史了。唐天宝年间，在那次全国性的更改地名的行动中，濩泽改名为阳城。中国历史上有六次大规模的更改重复地名的行动，分别发生在秦及西汉初年、西晋太康元年（280）、东晋和南北朝时期、隋开皇十八年（598）、唐天宝元年（742）和1914年。由濩泽改名为阳城就是唐天宝元年（742）发生的事情。严格地说，应称之为"阳城古城"，为保留历史的音符，我们不妨仍以"濩泽古城"这一名称来称呼之。

作为全国独特的墙上之城和电影《六福客栈》的发生地，濩泽古城的文化底蕴极其厚重。古城依山就势，城开三门，旧时，曾分怀古里、立平里、福民里、化源里、通济里、青杨里、崇熏里、西城里，民间曾以这样的歌谣来形容古城：

十山九回首，三河绕城流。

石门锁水口，城在墙上头。

这座墙上之城，在全国具有独特性，引起了世人的极大兴趣和关注。

民国年间，濩泽古城在英国女传教士格拉蒂丝·艾伟德的眼中是这样的：

> 远远望去，阳城仿佛坐落在一个小山包上，像是一座童话中的城堡。依山就势而建成的城墙，如同一排排巨大的牙齿。那些装饰考究的宝塔和寺庙虽然只是展现出一个轮廓，但从远处看去，却显得神秘、肃穆。在午后如丝绸般柔滑天空的映衬下，这一切让她感到一种难以名状的美。一路颠簸带来的疲乏，顿时烟消云散，她的精神开始振奋起来。
>
> 随着一步步地临近，她发现有两座林木茂密的小山紧挨着城池，一条曲曲折折的山路，不时深入林荫，又不时蜿蜒在斑驳的阳光下，最后进入阳城的东门。那条羊场小路的两边，视线之内，全是高耸、雄壮的山峰和谷底。艾伟德完全陶醉于这些大自然的鬼斧神工，此时此刻，她开始相信世间真的会有如此美丽的景致。(见甘肃人民美术出版社《八福客栈》2006年版，第38~39页，该书是根据艾德伟的回忆而创作的。)

艾伟德在阳城的故事，后来被改编成电影《六福客栈》，在欧美引起巨大轰动。

（二）

灵山秀水，必忠英哲。《元故忠昌军节度使郑公神道碑铭》中这样写道：

濩泽之西，邑号阳城，其水则秀，其山则明。明秀所储，异人挺生，拔乎其萃，实维世桢。

在明清、两代，濩泽古城先后出过进士32人、举人43人，主要集中在通济里卫氏、化源里田氏和化源里白氏三大家族。这三大家族，以家族文化传承为主流，堪称豪门望族，其中化源里田氏有进士8人、举人9人、监贡生55人；通济里卫氏有进士9人、举人12人、监贡生33人；化源里白氏有进士3人、举人10人、监贡生36人。官至宰相的全县有2人，其中城内1人，为清雍正文华殿大学士兼吏部尚书、太子太师田从典。入翰林的全县有14人，其中城内7人，分别是白胤谦、乔映伍、卫昌绩、田嘉谷、田玉成、王遥台、王遹昭。官至尚书（从一品）的全县有4人，其中县城2人，即明天启工部尚书、太子太保白所知，清顺治刑部尚书白胤谦。《清史稿》汉名臣传中，阳城入传人物有4位，其中有3位来自县城，而且同出自田家，分别是田六善、田从典、田懋（田从典与田懋系父子）。田从典入祀清朝贤良祠。

清雍正版《泽州府志·风俗》载：

（阳城）民被唐风，故多俭朴；地接舜耕，故多务农；境接中州，故语言辩正；教崇邹鲁，故士多文学。

客观的地理环境，是造就人才的摇篮。

著名建筑学家、中国科学院院士、中国工程院院士吴良镛说："每一个民族的文化复兴，都是从总结自己的遗产开始的。"心有高标，方能致远。总结濩泽古城的历史文化遗产，也正是为着这一目的而进行的尝试和努力。

目　录

CONTENTS

第一章 北国奇泽

沧海变桑田。

大自然的鬼斧神工确实使人惊叹。

几千年前，这里曾经是一个大泽，名叫濩泽，泽区一片汪洋。然而，就是这片水域，许多年后变成一座城——濩泽古城，时间是北魏兴安二年（453）。

濩泽，是泽名，同时也是县名。这个古老的深山巨泽，它的起始年代已无可考证。最早可见于《穆天子传》《墨子》等古籍。此后，《汉书》《后汉书》《魏书》和新旧《唐书》皆可见到关于濩泽或濩泽侯国的记载。

濩泽，一个曾与舜、禹、汤等古代帝王联系在一起的名字，历经千百年沧海桑田的历史巨变，九百多平方公里的大泽已失去了它昔日的粼粼波光。然而，濩泽留下的文化遗产，不但吸引着世人关注的目光，而且随着时间的推移，这个舜、禹、汤曾经活动的地区，更显示出它昔日的高贵与辉煌。

如今，泽的身影已难以寻觅，只在县城北城壕等地依稀可见泽的遗迹。昔日的泽区，如今却耸立起座座高楼，成为一座令人留恋和感觉温馨的小城。

我们不妨放开想象的翅膀，去遐想濩泽当年的美景：白云初晴，波光浩淼，幽鸟相逐，蓑翁独钓……

千年过去，这一切竟然都不见了。

我们不能不感叹生态的脆弱。

人类永远是一个命运共同体。

生态环境是这个共同体中至关重要的一环。

水为生命之源。

以"濩"为地名的，在中国只有阳城一处。这个字的使用频率不是很高，在古代有许多人不知道有濩泽这个地方。但也有一个好处，就是避免了与其他地方的重名。

第一节　"濩泽"的出处

"濩泽"，作为地理名，专属于阳城，在全国具有唯一性。关于濩泽，古籍的记载并不一致。《墨子·尚贤（下）》记曰："舜渔濩泽"，《尸子·君治》却说："舜渔雷泽"。"雷泽"的称呼还在《史记·五帝本纪》《吕氏春秋·慎人》、西汉刘向编撰的《新序·杂事一》和《说苑·反质》中出现过。南梁学者沈约辩称："雷泽即濩泽。"清代人校刊的《墨子》亦附会为"舜渔雷泽"，仅夹注：《太平御览》《玉海》引作"濩泽"。即清代人尚认为"舜渔濩泽"。临汾鼓楼有"东临雷霍"的匾额，雷指的就是雷泽（濩泽），霍指的是霍太山（太岳山）。现代辞书《辞海》不收"濩泽"，只收"雷泽"，并说："在今山西永济市蒲州南，源出雷首山，南流入黄河。相传为'舜渔雷泽'之处，实因水有雷名，强为牵合。"（见上海辞书出版社2002年1月第1版《辞海》，第980页）。可见，《辞海》编纂者也认识到"雷泽"的牵强附会和不真实，无奈以讹传讹，竟然以假乱真。建议《辞海》在再版修订时，收入"濩泽"这一词条，还以历史的真实。

《墨子》中提到了濩泽，《墨子·尚贤下》曰："是故昔者舜耕于历山，陶于河濒，渔于濩泽，灰于常阳，尧得之服泽之阳，立为天子，使接天下之政，而治天下之民。"可见，至战国时代，濩泽已是一个老的泽名了。

"濩"还是汤乐名。关于商汤祷雨（还见《荀子》《说苑》等典籍），是一个众所周知的故事，故事本身在其简单的情节中包含着很深的意蕴。为政者，为了人民的利益，必要时赴汤蹈火也在所不惜。这一观点，则是其主要的价值取向。商汤代夏而有天下，形成了中国历史上第一次王朝更替。商汤的民本理念，在一场旷日持久的大旱灾中得到彰显。当年商汤在此祷雨，"奏《大濩》之乐，蹈《桑林》之舞"（见《列子》），场面相当壮观。

濩泽侯印

西周时期，周穆王曾来到濩泽巡游。据《穆天子传》记载，穆王在他即位后的第十三年（约前998），乘造父所驾八骏马车，带着大批丝绸、手工艺品和许多钱币，从镐京出发，先至今河南省，转而北上到达濩泽，在泽畔流连忘返，观农户养蚕，"天子四日休于濩泽""以观桑者，乃饮于桑林"。从濩泽继续北上，至滹沱河北岸，再转向西行，经今内蒙古后，大致沿黄河过宁夏、甘肃、青海等入新疆，然后越葱岭至今中亚一带。回程仍沿着原来的路线。周穆王沿途与各地交换了许多礼品和货物，还带回了昆仑山出产的玉石。这也是有关我国与西方各地友好交往的最早事例。汉唐时代的丝绸之路，正是在这一基础上形成和发展起来的。

第二节　"濩"字的意味

一个"濩"字，千百年来让无数学者百思不得其解。濩泽之"濩"，是什么意思？

甲骨文中的"濩"字，从水、从草、从鸟，或可将其解释为一只雨中起舞的燕子，此其一。

《说文解字》解释说"濩，雨流溜下"，指雨从房顶上直流下来，此其二。

《周礼》将"濩"解释为汤乐名。《周礼·春官·大司乐疏》曰："以乐舞教国子，舞云门大卷、大成、大磬、大夏、大濩、大武。"郑玄对此注释道："大濩，汤乐也。"《竹书纪年》记载，商汤十八年，连续六年大旱，直至"二十四年，大旱。王祷于桑林，雨"。"二十五年，作《大濩》乐。"可见，此乐作于商汤祷雨的次年。《庄子·养生主》中有"庖丁为文惠君解牛……莫不中音，合于《桑林》之舞，乃中《经首》之会"的赞语。《周礼·春官·大司乐疏》认为濩，即救护也（殷乐《大濩》之"濩"不读huo而读hu，字通"頀"，义为"救护"），救护使天下得所也。因为大司乐疏中明确记载："濩"，即救护的意思。而"濩"字通"护"字，此其三。

《古代汉语词典》对"濩"的解释是"上游流向下游奔腾湍急的水"，此其四。

第五种解释来自《诗经》，将"濩"作为"镬"的借字，"镬"指锅（或釜），在古时的釜，无足的曰镬，有足的曰鼎，《诗经·周南·葛覃》："维叶莫莫，是刈是濩"中的"濩"，有"煮"之意。

有一种观点认为，濩泽的得名应与商汤时《大濩》的乐名密不可分。笔者认为，第四种解释较为合理，应当是先有"濩泽"，后有《大濩》乐名。

第三节 濩泽的生态演变

濩泽形成于1.2万年前的末次冰川晚期，6000年前达到繁盛期。据地形分析，先秦时期，发源于历山北麓小河湾的涧河汇合端氏（今沁水）西南角、濩泽（今阳城）西北部各支流，形成了西（上）高东（下）低倾斜形的深山大泽——濩泽，其下游最深最宽处当为鹫岭峰（即今东坡头）以西、走马岭以东、坡底以北、车辐山（今县城城墙以上）以南的地域，泽水可延伸至今县城西河乡、北部的酒庄、会庆村和东北部的清林沟，区域约900平方公里。至今南大河上游董封乡的水磨岩底、水洞沟、凉水泉、水楼、临涧、龙泉等以水命名的村庄仍可令人设想当时水乡的情景。假若濩泽在今固隆乡的河谷内，那么，地势并不高的泽城当淹没于水中，一定难以建立濩泽县治所。

古代阳城境内多林。《山海经》中有“松果之山濩水出焉”的记载。战国时，滥伐滥牧成风，植被遭毁。战国后期，黄土高原植被被毁，水土流失加剧。到东汉时，濩泽部分干涸。至北魏，土涧以上约30公里干枯，主泽区大部露出。北魏郦道元的《水经注》已经不记濩泽，而是将县境西部土涧以上约30公里的原濩泽地区记为上涧水，只将发源于白涧山的一条尚有水的支流称为“濩泽水”。出露部分成为农耕的沃土，先有少数的人在此垦殖，丰产后，大量的农人聚集。不久，县治也由泽城村迁至这里。此后，阳城渐渐由水乡变成了旱区。

《水经注》记载，北魏时，太岳山区沁河流域“沿河上下，步径裁通，小竹细笋，被于山渚，蒙笼茂密，在为翳荟”，“翠柏荫峰，清泉灌顶，峰次青松，丹青绮分”。战国以前，这一带满布着松柏为主和阔叶林组成的原始森林。汉魏以后，丘陵区的森林凡交通方便之处，已遭到破坏，远山区还保留着大片森林，泽区收缩。北魏郦道元写《水经注》，将水源不足、有时断流的濩泽上游水称上涧水，即源于今沁水县下川乡小河湾的涧河，而将当时“澄清不竭”的发源于白涧岭的支流，认定为濩泽之源，记作“源于白涧岭下”。北魏兴安年间县治从泽城迁往车辐山（今县城），其中一个重要原因就是泽区下游地势开阔、人烟稠密，农业发达。民间流传，新城建后，可从城南开福寺上船到酒家口（今坡底村）下船，相距2公里。走马岭东下端的

古濩泽地层结构遗址剖面图（摄于北城壕）

甄家岛（俗称甄阳圪套）系东、南、北三面临水的半岛，高出水面。这时，一遇洪涝，泽区下游积水成患。因此，开凿瀑布区"石门"放水，是必然的选择。金明昌五年（1194），"石门"被彻底凿开，河流畅通。"石门"下面的山岩上原刻有是年"闰六月二十四日，天下龙门一齐开"的石刻，于20世纪70年代毁于取石爆破。元明以来，采伐进一步加剧，占全县总面积四分之一强的濩泽流域基本变为光山秃岭，濩泽河变为季节性洪水河。原为北方水乡的濩泽，变为十年九旱之县。清康熙《阳城县志·特产》木类中尚首列松树，同治《阳城县志·特产》木类中，已变为"柏多松少，富人大贾时来购采"。低山丘陵区的毛竹原已绝迹，现存者为明清以来引进，在桑林乡西山村、南厂，杨柏乡的五斗山、老君堂、漏明等地约有百余亩。北魏兴安年间在车辐山设治后，原有名产药材"车辐枸杞"，随着县城建设的进展而消亡，现仅见于地埂崖头。

明清，虽地表水日益减少，但地下水资源仍然丰富。20世纪50年代，城郊东、南、西关的园地挖2米深即可见水，菜民在园中凿井汲水浇田。东玉泉、西玉泉的泉水极旺。70年代后，全县打深井50余眼，单城关镇打深井30余眼，地下水位下降16米左右。

第二章　墙上之城

阳城有凤凰城的美称。全城东南低，西北高，东西长，南北窄，形似一只展翅欲飞的凤凰，天王台（俗称天门头）为其头，西关为凤冠，东关似其尾，南关、鸣凤为其两翼。加之古代有绿叶、白花、红果的枸杞点缀其间，小城之美自不待言。

县城位于县境中心偏东北的山谷盆地。地理坐标北纬35° 28′ 40″，东经112° 25′ 15″。海拔600米左右。万山拱翠，三水绕城，烟树楼台高于雉堞，山城格局，全国罕见。

古城原为一山包，古称车辐山，为古濩泽区下游伸入泽中的一个半岛，另一半岛名为甄家岛。由于环境的变迁，水位下降，泽区缩小，下游宽出，生存条件优越，人烟渐密，北魏兴安二年(453)，县治由泽城迁至车辐山（即今县城）。车辐从何而来？相传是周穆王巡游濩泽时留下的。传说中旗幡招展，车阵浩荡，武夫前呵，从者塞途。车辐无数次地从泽畔这个开满鲜花的草地碾过。

土城墙依山就势而筑，似玉带环绕古城，远望若童话中的城堡。绿树高塔高于城墙，显得神秘、肃穆。街道全用巨石铺就，狭窄坎坷。县城主要为东西大街，直通着东西城门口。无北门，也无北街，南街（俗称南门坡）仅长约百米，直通南城门口。虽无北街，但街心以北有道可直通北城墙，故街心一带俗称"十字街"。

第一节　城　墙

故城依托车辐山筑墙，周边有南大河、西小河、后小河萦绕。明以前四周皆为土墙，明代，曾先东西、后南北多次用砖石修砌城墙。

第一次，明朝景泰初（1450—1451），在知县刘以文（湖北黄冈人，正统十年莅任）的领导下，县人在东西两面用砖石筑墙，以石为基，用砖加高墙面，并修建有东西门楼，在南城入口处也建有房屋。此次修建，还浚通且加深了城濠，在城墙上建有九座望敌台，为昔日简陋的城墙，增添了不少景致。

第二次，嘉靖十九年至二十一年（1540—1542），新上任的知县杨登（陕西咸宁人）又率众在城上用砖修筑了雉堞。

第三次，距上次修缮三十多年后，隆庆五年（1571），知县李栋（河南涉县人）刚上任，看到城墙南北破败，东西面也出现坍塌的迹象，即意欲大修。因资金有限，先稍做修补。此后五年，在李栋的领导下，全县为修建城墙而积蓄粮食三万多石。万历五年（1577）春，协同张居正改革的王国光（阳城县上庄人）因故赋闲在家，与知县李栋共谋修缮，并献出朝廷为其下拨的修建府第之金，带动县内官员出资赞助。由于王国光的影响，泽州知州于达真也予以大力支持。次年三月，正准备修建时，李栋被调离，但工程并没有因此搁浅，王国光说服继任知县张应诏继续领导工程建设，当年十月即圆满竣工。这是阳城历史上最大的一次城墙修缮活动。此次建设，是全方位的，连原本就有的东西城墙也进行了拆旧建新，南北城墙（原为土墙）则属于首次修筑。城墙四面全部用青石筑基，其主体用砖修砌，将原来10米高的城墙提升至11.7米高，厚度达6米，周长1864米。增设敌楼10座，加上原有的9座，敌楼总数达19座。同时，在县城东北城墙上建起阁楼。至此，旧县城的格局大致形成。城墙修缮完毕，王国光亲自写下了《阳城县新筑砖城记》，知州于达真也写了《阳城县新甃砖城记》。阳城人也没有忘记李栋的功劳，在东关高圪台院（后称狮院）为李栋修建了生祠，王国光亲自撰写了《李侯去思碑记》。县人更没有忘记王国光的功劳。九十多年后的康熙八年（1669），秋雨绵绵，城墙多处坍塌于城濠，知县张都甫领导补修，全县皆有摊派，白巷里人以王国光后人的名义请求免役，获得批准。王国光的善行，数世之后仍能惠及子孙。清康熙文渊阁大学士兼吏部尚书陈廷敬为此作有《阳城白巷里免城役记》。

第四次，明代崇祯年间，在陕西农民起义军经常入境攻城的情况下，知县杨镇原（河南陈州人，崇祯二年莅任）为加强防卫，又在城西北和东北部修建城楼，并在东、西、南三个城门修筑瓮城，从侧面开门，转弯入城。

第五次，崇祯九年（1636），知县李定荣（直隶定兴人）又在城之正北（县衙北）建拱极阁，拱极阁之名取自《论语》"为政以德，譬如北辰，居其所而众星共之"之意。

进入清朝，清政府出于防范的需要，几乎每代都要对城墙进行修缮增补，有的甚至一代两次。

第六次，清朝顺治十六年（1659），在知县陈国珍（浙江金华人）的领导下，对县城城墙进行了修缮。

第七次，康熙年间，为解决秋涝造成的城墙坍塌，知县张都甫主持了修缮。

第八次，清雍正二年（1724），在知县彭景曾（浙江海盐人）主持下，再度修缮城墙。

第九次，清雍正七年（1729），知县吴绍祚（江苏江宁人）主持，又加修三城门楼及八垛楼、内外城垣。

第十次，清乾隆九年，知县谢廷瑜奉命修葺东、西、南三面城墙。

第十一次，清咸丰三年（1853）四月初，太平天国北伐军到达河南怀庆府（今沁阳市），阳城知县黄传绅惶恐万状。清咸丰四年（1854），他以防守县境为名，增征赋税，扩建城墙，扩东南角城墙约百米，加宽城道3米。不料，增税引发了阳城农民暴动，清咸丰五年（1855）正月，赵连城、王发囤、李聚泰、王致祥等人领导了闹盐粮起义，将黄传绅扣押，在黄承诺减税赋、削盐价之后，将其释放。黄返回县衙后，向上告急，农民军被清兵镇压。后来阳城民众以这次起义为素材，编成道情《五更曲》和戏剧《闹盐粮》，在周边地区广为流传。

至此，阳城古城墙最后定型。全城除东门和南门两侧有一段平起的城墙外，其余全是依山筑墙。后又把瓮城侧门改为正门直入。城墙周长

古城墙

2200米；城墙高度根据地形而有所不同，最高处达30米，最低10米。有雉堞545个，敌楼19座。城上道宽5~6米。城开东、西、南三门，东门名"惠元门"，其上建有榭；西门名"丰泽门"，其上建有亭；南门名"蔚文门"，其上建有楼。北城有阁，取名"拱极阁"。城墙西北还有"望远楼"。南城上铸有千斤铁猫一尊，面向南山，作为"镇物"(封建统治者用所谓"厌胜法"来压制人民反抗)。清初，县南部村寨多有民众抗清活动，清军兵备武某镇压义军之后认为"山穴伏寇，乃鼠辈也"，便铸铁猫放在南城上对南山进行"降服"。清咸丰四年（1854）修缮城墙时，将铁猫损毁，次年就发生了侯井农民闹盐粮的暴动，刚上任的知县程国观未接受前任教训，反倒认为县人起义是上年修城墙时将铁猫撞坏之故，复置铁猫于其上，以图奏"降服"之效。后来，"闹盐粮"起义失败，有人附会为铸铁猫之功。日军侵阳时，再度将铁猫破坏，同时还将县城东南角城墙挖成坡道，供汽车登城之用。

第二节　城内布局

　　旧城主要建筑布局为东西一条街，长约千米。进城从东、西、南三个城门入城，入门见坡。中间为十字街口，实为"丁"字街。南门坡（即南街）长约百米。从东走进惠元门，上至东门坡顶，南侧（即县城东南角）修有一个平列一连三大院的建筑群——文庙。从东往西依次为文昌宫、孔圣庙（旧址即今文物博物馆）、明伦堂。三院皆坐北向南，大门建在南城上。孔圣庙与文昌宫之间有一条鸿儒巷，巷口建有"三台接武"牌坊。文昌宫内有魁星阁、文昌殿、教谕署和训导署。魁星阁凌空而立，共三节，外地人入阳至东坡头一眼即可看到，为城东南标志性建筑。文昌宫古建筑大多毁于战火，但普通建筑尚存。抗战时期，这里曾是阳城县牺盟分会驻地。抗战胜利后乃至新中国成立初期，文昌宫为中共阳城县委机关驻地；1946~1949年，一度为中共太岳区党委机关驻地。今老干部管理局是当年教谕署和训导署（即教育机关）的旧址，面积仅占文昌宫的六分之一。孔圣庙西侧的明伦堂是当年文人学士讲经论学之所（1913年改为县官办第一高级小学，其方位在今县人民武装部家属院处）。1940年日军盘踞县城后，为了通汽车，竟然把东南角城墙挖成坡道，破坏了文庙及城垣的整体格局；此后，日军又拆掉了文昌宫内的教谕署和训导署，建立了进行奴化教育的"新民"小学，使文庙面目全非。

　　县城东街东门坡顶北侧与孔圣庙北墙相对处，即原县人民武装部办公地，是清康熙年间官至户部左侍郎的田六善家族的住宅建筑群，称"司农府"。民国年间，其部分院落改建为官办女学堂。司农府西侧，即今劳动局办公大楼，为明清时的典史厅（民国时为县公安局驻地）驻所。在司农府和典史厅所临街处，分别建有"十凤齐鸣"和"十凤重鸣"木石牌楼两座。二者相距约50米，均为石墩木牌楼，两柱一门。司农府与典史厅在1959年被拆，分别修建了县人民武装部、县人民委员会和中共阳城县委办公大楼。典史厅西侧为旧县衙（其大堂犹在，前面为今国土资源局办公大楼，前身为中共阳城县委办公大楼）。县衙初为城堡式门楼，后改为高大的木结构大门，东西有钟鼓二楼，门头悬书有"阳城县"三个大字的门额（木匾）一块。抗战初期，县抗日政府一度驻此。1945年4月阳城解放后，县政府在县衙旧址办公。1946年1月，东华厅为太岳行政公署办公地，西华厅为阳城县人民民主政府办公地。

在酱馆巷（今称人民巷）出口处的南城东侧，便是建于北齐天保四年（553）的古刹——开福寺。丁字街口，原来建有旌表元朝潞国公郑鼎的木牌坊，东西南三面均有木牌楼，北面靠墙置关公神龛。1920年1月28日（农历腊月初八）夜，因盗贼在牌坊东南侧段氏鞭炮店行窃，引爆了鞭炮，导致火灾，烧毁了郑家木牌坊。城内绅士白秉昌买下郑氏这块地基，建三拱门砖石牌坊，上刻"八座双隆"四字。"八座"指古代皇帝身边的议事重臣，包括六部尚书；"双隆"是指白氏家族的两位尚书，即明天启工部尚书白所知和清顺治刑部尚书白胤谦。这座砖石牌坊在1956年建人民大礼堂（即今人民影剧院前身）时被拆。"八座双隆"的石刻也被用为礼堂西侧厕所的茅梁。

丁字街口南门坡西侧是保宁寺（俗名小寺庙），在新中国成立后，被辟为县总工会办公地。

丁字街口往西，北侧是成汤东庙（俗名东王殿，即原凤城镇政府所在地）。成汤庙西侧是盐店。盐店西侧是司上巷，巷口树有纪念明成化年间"天下四大清官"之一、"不私一钱"的金都御史杨继宗的大牌坊。

司上巷口西侧是城隍庙，地址在原民政局院和烈士陵园中线西侧。径直而上，有东南两门，临街为正门。城隍庙共有大小八院，层叠巍峨，石柱林立，规模为全城庙宇之冠。

司上巷中段西侧是濩泽试院，坐北向南。自南向北，拾级而上，一连三院。试院南墙、西墙与城隍庙毗连。其西墙位置约在今烈士陵园中轴线上，与城隍庙东墙平列。院后墙约在今烈士陵园中间隔离墙处。其大门在今烈士陵园东门稍下处。试院即古代科举学生参加县试或甄别生员的考场，为清同治十年（1871）所建。1920年，在此建立阳城中学。

司上巷北口，约在今县供销社大楼北侧，有一座四柱三楼式高大石牌坊，上有"明吏部尚书王国光故里"石刻一通。牌坊北面离城墙不远即是县署的官仓，其方位大约在烈士塔下侧的东墙一带。

城隍庙的西侧即今东风巷（旧称二郎庙胡同），巷北迎面是二郎庙。后庙内东西有高禖殿和药王殿。二郎庙南有一条往西的丁字小胡同，可通往二郎庙西北角的太清观（为道教活动场所，约在今人民医院下院东侧）。在太清观后面的东北侧，即今人民医院方位有一行台。行台为上级官员出巡下榻之所。清乾隆初曾在此设立同文书院，后另建仰山书院。司上巷北口王国光牌坊后有一条小巷，巷口南为太清观，小巷西北可通往仰山书院。

仰山书院的西北角城墙上建有天王台（民间讹称"天门头"）。台下建有五岳庙，与天王台统称"高庙"。台上建台，人称"台上台"；台上有殿，殿内有古槐一株，人称"屋里槐"。台上门额为清文华殿大学士兼吏部尚书田从典之子田懋书写的"尺五天"三个字，此处为全城的制高点。庙前有长巷（旧称高庙胡同，今称高峰巷）直通西城门里街道。在高庙东南脚下，仰山书院西北角上，还有为明崇祯年间知县杨镇原而建的杨侯祠。沿高庙巷口向西约20米，即是县城西大门——丰泽门。

第三节　城周建筑

一、西关

丰泽门外（俗称西门外），便是西关村地界。西关村古称西城里，抗战时曾属崇薰（今南关）编村。东南与南关村毗邻，东北与鸣凤村接壤，西与水村为邻。沿西门坡下西行，是一条以碎石、河卵石铺道崎岖狭窄的小街，即西关街。该街道南依西小河，北靠西疆岭，西端尽头处为农田，与水村北璋自然村地界相接。街阔3～5米，总长不足千米。在离西关街入口处不远的西北城头（即天王台）下有一福缘古寺（俗称西寺）。走进大门，大院两进，紧靠东侧一院开东门。寺院内计有殿堂数十间，内植千年古柏、唐槐。晚清时，寺院被毁。庙内仅存的一尊铁佛像，后来毁于日本侵略军之手。

西关街进口不远处的达巷即四折巷口，有尼姑庵一所，庵外不远处的西小河北岸有古泉一眼，泉水清澈甘甜。无论天气如何干旱，此泉仍保持着丰盈的水量。该泉原名永惠泉，俗称西大泉、西玉泉，清顺治刑部尚书白胤谦为其题名"湛泉"（现仍存）。泉畔东侧便是闻名县境的园林——西池。

街北土地巷内北侧建有土地庙，街中段南侧建有五瘟庙，从五瘟庙沿街西行数十米，西关街西端北侧（即阳城五中原址处）建有关帝庙，庙门正对面临街处立一高大的照壁，壁面砖瓦雕刻精美，20世纪五六十年代，县农业中学驻于此。

关帝庙往西不远处有一土沟，上建小石桥一座，小石桥不远处路北侧树有石碑一块，上书"大明王烈妇执义抗贼处"，并刻诗二首。相传弘治年间，西关人原湖因家贫外出给人当雇工期间，一地痞伺机入室，对其妻王氏以刀威胁，欲行强奸。王氏誓死不从，最后惨遭杀害。事后，凶手被县衙抓捕正法。时任知县李泽（山东籍）深仰王氏之贞烈，故下令勒石以志。

旧时，全县设铺司房10处，总铺房就设在西关小石桥西的土埂上。西关村西北建有社稷坛，坛东有凤头禅院，西关外还有八蜡庙等。

二、南关

从蔚文门（俗称南门）出城，便进入南关村地界。南关村明清时代称崇薰里，后改为崇薰街，民国年间改设编村。西小河从西绕南向东汇入东大河，将南关村一分为二。西南与坪头村为邻，西北与西关村毗连。南关街为南北走向，全长约250米，阔3~5米。北端入口处东侧建有关帝庙。沿街南下至南河口，被小南河（西小河的延伸）所阻，这里便是南关街的尽头。跨过小南河，即是官道，官道上两侧建筑以民房居多。沿官道上往南，在与坪头村毗接处建有华严寺，亦称十方院。在关帝庙东侧一巷内

南关古民居巷道

南关古民居

有后土祠。村东宁家巷内有火神庙，供奉火神。村东南菜园靠近小河处，有一座沙石高台，台上耸立着四柱三门的石牌坊一座，名为旌盛牌坊。村西与西关村甄家岛自然庄毗接处，有一叫花园的小自然村庄，旧时有古裟罗树一株，树冠如穹伞，叶阔似巨掌，花开赛吊烛，果实像核桃，且不染蚊蝇，是南树北栽的珍贵树种。村南土岗上建有南坛（即风云雷雨山川坛），旁有先农坛遗迹。

三、东关

出了惠元门，便是东关村地界。东关村由旧时的通济、青阳二里组成。东门坡底向东北折去，便是狭窄曲折、绵延千米的东关街。该街大致呈南北走向（略偏东），阔3～5米，沿街铺面、民居鳞次栉比，错落有致，是东、南、西三关中最长的一条街道，也是最具文化特色、保存古迹最多的一条古街。

出东门入街不远处，有一座月牙形小石桥，后小河从桥下潺潺流过，汇入东河。过桥后，北行百余米，街西侧有一古巷名城后巷。入巷沿后小

东关街旗杆院，相传为卫家所居

东关街旗杆院石雕　　　　　　　　　　　东关街旗杆院石雕

河西行，不远处的巷右侧有一高大的府第门楼，两侧石狮雄踞，门额上书"将军府"三字，是明代隆庆年间例贡（后习武）、官至卫指挥佥事、陕西延绥游击将军陈思伊的府邸。城后巷中段小十字北侧，有始建于唐代的玉皇庙。由庙的东大门进入东前院，有禅房及文昌阁。阁下为圈洞，青石铺道。沿道北上西折通往厉坛，正北直通拱宸阁。

　　由城后巷口沿街北行不远处，东侧即是清雍正年间文华殿大学士兼吏部尚书田从典的府邸。其四个院落平面组成"田"字图案。"文化大革命"前后，东关大队将其中两院拆毁，辟为大队部。走出相府，沿街继续北行约200米，即是县城规模最大的关帝庙。关帝庙外不远处，邻街左右建有木石牌坊两座。街道由此逐渐东折，趋向东西走向。左牌坊附近沿拱极巷（老圪洞）直出村北。路中有戏台，再往北上，可见一圈洞，圈顶建拱宸阁，分上院、中院和下院，有一保和殿，分别供奉佛祖及高禖神等。沿街道东出口处继续东行，接官厅东大道上建一圈洞，圈上有阁楼，称太和殿。

街东端河畔大道上建圈洞，上筑戏楼。道北依山脚建有接官厅，附近碑石林立。再往东穿过太和殿，即是真武阁。真武阁东北侧，离清林沟入口不远处，有一建于清乾隆年间的弧形石拱桥，两边有石栏，名曰宝带桥（今人多讹称为宝定桥）。经桥跨过大路，沿崎岖山路直登东坡头官道，顺道南北有两圈门，分别为河神阁（上有篆书额"临濩水"）、山神阁（上有篆书额"拱析城"），中间山嘴处建有东灵寺和关帝庙，红墙绿瓦，桧柏掩映，显得静谧肃穆。

东河对岸沿石板路上行，有一四合院式的庙宇，山门建于石阶之上，庙内殿宇整齐，绿树成荫，正殿主供高禖神，偏殿供河伯诸神，人称河神庙，亦称大王庙。

另外，"文化大革命"前夕，东关大队在山头岭田墓上的山腰修建水池时，为利用砖石，拆毁了田从典的碑亭，接着又在距地面两米深处挖开了一排坟墓，主墓长约2.5米，宽约2米，深约2米。墓穴用长、宽、高各为200厘米、30厘米、20厘米的青石条垒砌，墓后方有一圆孔直通棺尾，无疑是盗墓者所为。主墓棺椁为黑漆色，棺椁内层用厚厚的一层松香灌封，棺前金书田从典官衔名讳。墓穴侧室内另有几口棺具（无椁），为田从典妻妾之棺。棺外部全用土石填充。主棺内尸骨完整，官服整齐，身旁放有玉石印章3枚，另有法蓝镀金桃形烟盒及玉雕双耳酒具等随葬物数件。还有一口妾棺幸未遭窃，但打开棺盖后，棺内随葬文物均被当时在场的一位尹庄公社武装部干部拿去，后虽经追收，也仅追回一些金银首饰之类的零星饰品（现存县文博馆）。墓前有一碑亭，碑上刻有御赐碑题"太子太师文华殿大学士兼吏部尚书加五级致仕谥文端田从典碑"，另有碑文，全文236个字，下款有"雍正六年"字样。据说田从典殡葬时，一并抬出多口棺材，分别埋在了多个墓地，现已知的有山头岭后宪、玉皇庙后北坛上方山头岭处的小山嘴上及酒庄等几处，孰真孰假，无从考证。但从尸骨、官服、印章、记墓碑、坟前碑文及妻室情况分析判断，此处应为真墓。

四、鸣凤

沿西门坡西北小路上行约200米，右侧道下即是鸣凤村（俗称后沟）。村中溪水潺潺，古树成荫，山清水秀，风景宜人。清乾隆年间，田从典之子田懋（官至副都御史、吏部左侍郎）告职归里后，在该村沟湾兴建了别墅一所，取名依园。依园依山傍水，亭阁雅致，是继西池之后，县城又一所景色秀丽的园林。1946年春，《太岳日报》社从沁水县石窑村迁到此处。1949年8月报社撤销。

第三章　古刹钟声

一座城市有无内涵，离不开古老的历史元素。一个纯新的城市，由于太过于一目了然，往往显得轻飘飘的。因为古老，即显厚重，即在感觉中渗入了沧桑的因子。濩泽古城之所以神秘，也是因为人们对它不了解。这同世间一切事物一样，凡是未知的，就是神秘的。对于了解的事物，我们却视若平常。又如一个平凡的物件，若加入了时间的元素之后，平常的东西也会变得不平常，正如秦砖汉瓦的价值一样。

第一节　古庙宇古县衙

一、文庙建筑群

文庙曾经是一座城市的"标配"建筑，明清两代，每个州、县，都要建自己的文庙。

阳城文庙位于东门坡顶南侧，古城东南角。文庙以儒学巷为界，分东西两大建筑群。西由孔圣庙、明伦堂组成，东由文昌宫、魁星阁、教谕署和训导署等建筑组成。

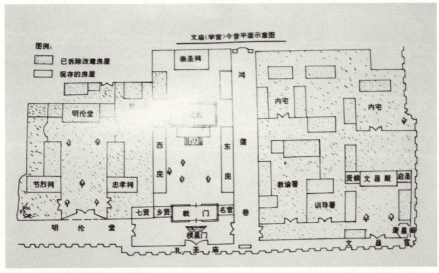

文庙建筑群平面布局图

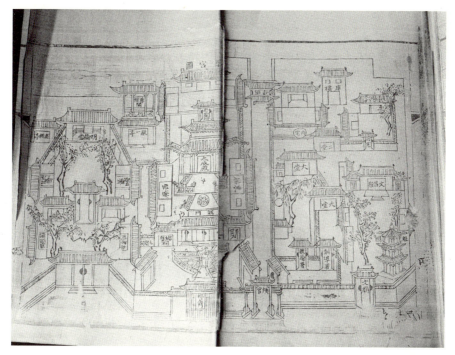

清同治版《阳城县志》文庙平面图

（一）孔圣庙

阳城孔庙，初创于宋。明清时期，孔庙则形成了自己的建筑群落。中轴线上，坐北朝南依次有万仞宫墙（即南城墙）、棂星门、泮池、戟门、大成殿、崇圣祠等主要建筑，还有两庑分列东西两侧。万仞宫墙，是每个地方孔庙最南端的外围墙，阳城之所以选择在南城上建孔庙，与这里有自然形成的"万仞宫墙"有关。万仞宫墙的名字来源于《论语·子张》"夫子之墙数仞，不得其门而入，不见宗庙之美，百官之富，得其门者或寡矣"，是子贡借助墙的高度比喻孔子的学问之深厚。泮池则是学宫的标志，西周时，称天子所办大学为辟雍，四周环水。诸侯一级的学校只能南面环水，称泮池，泮池上有泮桥，后世科举取士，只有中举之人，才有资格踏上泮桥。明清时期，州县考试的新进生员，需要入学宫拜谒孔子，叫做入泮或游泮。孔庙的棂星门最早记载于宋代，在郊坛设棂星门。传说棂星是天上的文星，棂星门意指孔子是天上文星下凡。大成门

孔圣庙

原指仪门，因大成殿而得名。大成殿的名字出自《孟子·万章下》"孔子之谓集大成"。

明洪武四年（1371），县令李芾（河南邓州人）主持重建，一百年后，明成化阳城县令史书（陕西灵台人，成化十三年莅任）、陈宽（直隶新河人，成化十五年莅任）相继主持大修，嘉靖十七年（1538）县令邹颐贤（山东德州人）领导修缮，万历六年（1578）乡名宦王国光、县令张应诏（陕西咸阳人）曾主持进行过增修。清顺治十五年（1658），知县陈国珍（浙江金华人）领导修缮。清康熙八年（1669），知县张都甫重修。康熙二十八年（1689）在知县项龙章（安徽歙县人）主持下，由田六善家族捐资重修了灾毁的大成殿。清道光十九年（1839）县令徐璈（安徽桐城人）又组织进行了扩建，大成殿由三间扩至五间，增修了崇圣祠三间、东西庑十四间、戟门三重、棂星门一座、泮池一泓、尊经阁一座三间，并扩建了明伦堂建筑群；在戟门东修名宦祠三间，在戟门西修乡贤祠三间、七贤祠三间。还在东面文昌宫一院内，修建有文昌殿、魁星阁等系列建筑。西扎平庭三间，于清同治十一年（1872）改建为三贤侯祠，明万历年间知县王良臣（河南新郑人）等11位知县的禄位、籍贯、事迹也设于其中。至此，县文庙分东西两个院落。东院为孔庙，分前后两进，沿中轴线依次排列着照壁、棂星门、泮池、戟门、先师殿等建筑，前院东厢为名宦祠，西厢为乡贤祠，后院东西两厢各建廊庑七楹。西院亦分为前后两进，明伦堂建在后院。在孔圣庙和明伦堂后面，还建有启圣祠、青云馆。其中，孔圣庙正殿外修雷池，正前为石雕龙阶道。台上供奉时摆放供品、古器乐，供行祀时祭周礼用。戟门左右置钟鼓各一，祀时击鼓撞钟，左有七贤祠、乡贤祠，右有名宦祠。门外中有泮池，上架小石桥，直接大门，即棂星门，栅栏式结构。

阳城孔圣庙最精华的建筑是大成殿，该殿由露台和大殿两部分组成，露台是祭孔时奏大成乐、舞八佾舞的地方；大殿面阔五间，进深八椽，重檐歇山顶，抬梁式结构，是清道光年间在明代三间殿的基础上改造成为五间殿的。至今，在前檐柱和中间的四根柱上可见到明显的改建痕迹，而这些痕迹是其他柱上所没有的。在大成殿花梁上，有清道光十九年（1839）重修题记。前有月台，石砌台基，中央设双龙戏珠石质踏步，两侧有垂带。明间、次间均施四扇六抹槅扇门。下檐柱头斗拱五踩双翘，平身科每间出一攒；上檐柱头科三踩单翘，前后檐平身科每间出一椽。屋顶饰黄绿釉琉璃脊饰，两侧有鸱吻。在孔圣庙中，供奉着孔子和孔子的七十二弟子，每年仲春、仲秋的上丁日，还要举行祭祀。直到清代，形成了一整套规矩严格的祭祀仪式。配享孔子的先贤先儒共有172人，其中大成殿内有四配、十二哲，东西两庑有先贤79人、先儒77人。

两庑从祀先贤西庑有39人，东庑40人，分别是：先贤蘧瑗、先贤公孙侨、先贤澹台灭明、先贤林放、先贤宓不齐、先贤原宪、先贤公冶长、先贤南宫适、先贤公皙哀、先贤商瞿、先贤高柴、先贤漆雕开、先贤樊须、先贤司马耕、先贤商泽、先贤梁鳣、先贤巫马施、先贤冉儒、先贤颜辛、先贤伯虔、先贤曹恤、先贤冉季、先贤公孙龙、先贤漆雕徒父、先贤秦商、先贤漆雕哆、先贤颜高、先贤公西赤、先贤壤驷赤、先贤任不齐、先贤石作蜀、先贤公良孺、先贤公夏首、先贤公肩定、先贤后处、先贤邬单、先贤奚容葳、先贤罕父黑、先贤颜祖、先贤荣旂、先贤句井疆、先贤左人郢、先贤秦祖、先贤郑国、先贤县成、先贤原亢、先贤公孙句、兹先贤廉洁、先贤燕伋、先贤叔仲会、先贤乐欬先、先贤公西舆如、先贤狄黑、先贤邽巽、先贤孔忠、先贤陈亢、先贤公西葳、先贤琴张、先贤颜之仆、先贤步叔乘、先贤施之常、先贤秦非、先贤申枨、先贤颜哙、先贤左丘明、先贤颜何、先贤秦冉、先贤县亶、先贤公明仪、先贤牧皮、先贤公都子、先贤乐正克、先贤公孙丑、先贤万章、先贤张载、先贤周敦颐、先贤程颐、先贤程颢、先贤邵雍。

两庑从祀先儒，西庑有38人，东庑有39人，他们分别是：先儒谷梁赤、先儒公羊高、先儒高堂生、先儒伏胜、先儒董仲舒、先儒毛亨、先儒刘德、先儒孔安国、先儒后苍、先儒毛苌、先儒许慎、先儒杜子春、先儒赵岐、先儒郑康成、先儒范宁、先儒诸葛亮、先儒陆贽、先儒王通、先儒范仲淹、先儒韩愈、先儒欧阳修、先儒胡瑗、先儒司马光、先儒韩琦、先儒游酢、先儒杨时、先儒吕大临、先儒谢良佐、先儒罗从彦、先儒尹淳、先儒李纲、先儒胡安国、先儒张拭、先儒李侗、先儒陆九渊、先儒吕祖谦、先儒陈淳、先儒袁燮、先儒真德秀、先儒黄斡、先儒蔡沈、先儒辅广、先儒魏了翁、先儒何基、先儒赵复、先儒文天祥、先儒金履祥 先儒王柏、先儒陆秀夫、先儒刘因、先儒许衡、先儒陈皓、先儒吴澄、先儒方孝孺、先儒许谦、先儒薛瑄、先儒曹端、先儒胡居仁、先儒陈献章、先儒罗钦顺、先儒蔡清、先儒吕柟、先儒王守仁、先儒刘宗周、先儒吕坤、先儒孙奇逢、先儒黄道周、先儒黄宗羲、先儒王夫之、先儒张履祥、先儒陆世仪、先儒陆陇其、先儒顾炎武、先儒张伯行、先儒李塨、先儒汤斌、先儒颜元。

下面介绍一下清代祭孔释奠礼歌辞。

顺治十三年（1656），首颁国学释奠乐章，采用全新乐章诗词，乐章之名将明季所用乐章之"和"改作"平"。其新订六乐章为：迎神用"咸平"，初献用"宁平"，亚献用"安平"，终献用"景平"，撤馔用，送神用"咸平"，沿明制，仍采"六章六奏"式，舞用六佾、三献均用文德之舞。乾隆七年，改顺治朝乐章，沿袭六章六奏结构及《中和韶乐》之名。乾隆八年（1743），颁定《阙里文庙及府州县学用祀孔乐章》，其辞如下。

迎神《昭平之章》：

　　大哉孔子，先觉先知。与天地参，万世之师。祥徵麟绂，韵荅金丝。日月既揭，乾坤清夷。

初献《宣平之章》：

　　予怀明德，玉振金声。生民未有，展也大成。俎豆千古，春秋上丁。清酒既载，其香始升。

亚献《秩平之章》：

　　式礼莫愆，升堂再献。飨协鼖镛，诚孚罍斝。肃肃雍雍，誉髦斯彦。礼陶乐淑，相观而善。

终献《叙平之章》：

　　自古在昔，先民有作。皮弁祭菜，於论思乐。惟天牖民，惟圣时若。彝伦攸叙，至今木铎。

撤馔《懿平之章》：

　　先师有言，祭则受福。四海黉宫，畴敢不肃。礼成告彻，毋疏毋渎。乐所自生，中原有菽。

送神《德平之章》：

凫绎峨峨，洙泗洋洋。景行行止，流泽无疆。聿昭祀事，祀
事孔明。化我蒸民，育我胶庠。

再介绍民国（北洋）时期祭孔释奠礼歌辞具体情况。

民初，临时政府承袭前朝祭孔祀典及其乐章之礼制、乐制。1914年8
月，袁世凯准颁《民国礼制》七种，《祀孔典礼》卷其一，由政事堂礼制
馆遵照通行。该卷订以夏历春秋两丁为祀孔日，从大祀。并规定，京师孔
庙概由大总统主祭，地方各由长官主祭，孔子圣诞则各听习惯。并分别对
北京孔庙和地方孔庙修订祭孔乐章，使乐章同名，歌辞不一，其中，地方
孔庙释奠乐章有：

迎神《昭和之章》：

大哉孔子，先觉先知。与天地参，万世之师。祥征麟绂，韵
荅金丝。日月既揭，乾坤清夷。

初献《雍和之章》：

予怀明德，玉振金声。生民未有，展也大成。俎豆千古，春
秋上丁。清酒既载，其香始升。

亚献《熙和之章》：

式礼莫愆，升堂再献。响协鼗镛，诚孚罍甒。肃肃雍雍，誉
髦斯彦。礼陶乐淑，相观而善。

终献《渊和之章》：

自古在昔，先民有作。皮弁祭菜，於论思乐。惟天牖民，惟圣时若。彝伦攸叙，至今木铎。

撤馔《昌和之章》：

先师有言，祭则受福。四海黉宫，畴敢不肃。礼成告彻，毋疏毋渎。乐所自生，中原有菽。

送神《德和之章》：

凫绎峨峨，洙泗洋洋。景行行止，流泽无疆。聿昭祀事，祀事孔明。以化蒸民，以育胶庠。

另，1915年3月11日，有应用于各省、州、县学文庙祀典之乐章，具体如下：

迎神《始和之章》：

大哉至圣，先觉天民。万世师表，昭我彝伦。辟雍有典，肃举有秩。鼓钟载考，笾豆诚陈。

初献《雍和之章》：

生民以来，莫盛夫子。礼器庙堂，式昭前轨。瞻彼杏坛，高山仰止。簠簋铏羹，荐馨方始。

亚献《熙和之章》：

德蔑以加，我民是矩。享用太牢，礼云在鲁。设奠两楹，敢陈文舞。嘉醴在酾，铄兹钟鼓。

终献《渊和之章》：

猗欤圣师，万祀攸崇。折中六艺，学者所宗。上丁元祀，典礼加隆。在前忽后，登献爰终。

撤馔《昌和之章》：

俎豆惟芳，祀事孔明。渊渊璧水，观礼于京。居歆载假，神听和平。几筵告彻，绥我思成。

送神《德和之章》：

煌煌太学，四方之纲。缅怀前哲，见羹见墙。车服云遥，金丝在堂。礼仪既备，明德馨香。

（二）明伦堂

"明伦"二字出自《孟子·滕文公上》，其文曰："夏曰校，殷曰序，周曰庠；学则三代共之，皆所以明人伦也，人伦明于上，小民亲于下。"

对庙学合一的中国古代来说，各地的文庙不仅是祭祀孔子的地方，也是当地的官办学校。文庙中的明伦堂，是读书、讲学、弘道、研究之所，是具有一定社会地位的社会精英讲学论道的地方，是当时参加科举考试的文化精英们获取知识的讲堂。

阳城的明伦堂位于孔圣庙西侧，三进院落。明洪武四年（1371），知县李苇领导修建。清康熙二十一年（1682），明伦堂坍塌，户部侍郎田六善（阳城东关人）领导进行了修缮。清道光十九年（1839），县令徐璈（安徽桐城人）主持对明伦堂进行了较大规模的扩建，尊经阁一座三间，阁下修有敬一亭三间、明伦堂三间、后神厨三间、夹室各一间、省牲亭一间、东西斋房十间、忠孝祠三间、节烈祠三间、大门一座。至民国初年，明伦堂前院大门额为"荟萃胶庠"匾（楷书），院内东厢房为忠孝祠，西厢房为节烈祠，前院正中有一棵两搂粗的大柏树，树后进中院二门，中门两侧是碑廊，树碑数十通，存有阳城籍名宦王国光、张慎言和书法家王铎的手迹碑刻。过中门，即到中院，院中左右有槐柏二株。

中院正堂门额上挂"明伦堂"金字匾一块，室内门头两侧分别挂有横匾，东书"文渊阁大学士陈廷敬"，西书"文华殿大学士田从典"，正堂西临"省牲亭"，东临"敬一亭"，"敬一亭"后有尊经阁，内存经、史、子、集以及历代乡贤著作等。中院东房为"日新斋"，西房为"时习斋"。后院为修学学堂，每隔七日，教谕或训导便召集学者讲习经文一次。清末，明伦堂改为县官办第一高级小学。"文化大革命"期间，明伦堂被拆除，其方位在今武装部家属院处。

（三）文昌宫

文昌殿供奉有道教之神文昌帝君。文昌帝君又称梓潼帝君、文曲星、文星，在道教神仙系统中地位较高，为主宰功名、禄位之神，道教称他上主三十三天仙籍，中主人间寿夭祸福，下主十八地狱轮回。古代士子们为着学问好、文章精、科举及第，常将文昌帝君作为守护神来参拜。明代，天下学宫都立文昌祠。清代，崇奉之风极盛，每至农历二月三日文昌帝君生日，朝廷都派官司员前往祠庙祭祀。旧时中国各地都建有众多的文昌庙，以奉祀文昌帝君。文昌帝君，容貌多雍容慧颜，坐下驾白驴，随身带着天聋、地哑二童。文昌帝君左边奉的是孔子，道教奉之为"大成至圣先师"。右边是朱熹，为宋代理学大师。另外，左右两侧还各有四尊铜像，则为侍臣、侍者。

古城的文昌宫位于儒学巷之东、古城东南城角上。其前身为明万历四十二年（1614）由县令王良臣主持创建的映奎堂。清顺治年间，乡贤

文昌宫所在的位置——原县档案馆大院

卫贞、知县都甫商议，改其名为聚奎书院，并请高平名宦毕振姬作《阳城聚奎阁记》，请阳城名宦田六善作了《重建魁星阁聚奎书院记》。康熙初年又改建为"三贤祠"（内祀前阳城三位知县王良臣、安伸、杨镇原），乾隆年间改为文昌宫。清道光十九年（1839），县令徐璇（安徽桐城人）又组织对文昌宫进行了扩建，修建有文昌殿五间、东北启圣祠三间、魁星阁（三层回廊五角十一楹攒尖顶，中层楹联为"南山当户牖，北斗挂城垣"）一座、东西闲房各三间。西扎平庭三间，于清同治十一年（1872）改建为三贤侯祠，移明万历年间知县王良臣（河南新郑人）、安伸（山东淄州人）和明崇祯年间知县杨镇原（河南陈州人）像于其内，并将清雍正年间县令彭景曾（浙江海盐人），乾隆年间县令胡邦盛（浙江汤溪人）、宋本敬（湖南湘潭人）、王笙泰（直隶大名人），清嘉庆年间县令王元橚（云南宝宁人），道光年间县令徐璇（安徽桐城人），咸丰年间县令程国观（直隶宛平人）、同治年间县令赖昌期的禄位、籍贯、事迹也设于其中。

至民国初，文昌宫建筑群内建有文昌殿，殿宇坐南朝北，由正殿和两侧耳殿构成。正殿内塑有文昌帝君像，东侧为贤侯殿，西侧为启圣殿。院前有大皂角树一株，殿后建有内宅两处。

（四）名宦祠

名宦祠位于孔圣庙戟门东，面积三楹。内祀有宋代阳城县尉陆余庆、张之才；金代阳城县令张恪；元代阳城县尹李裕、路有让、韩汝弼、关世杰、赵绳祖、宋思齐，主簿周克明；明代阳城知县李荜、王珪、刘以文、史书、陈宽、谷景通、王传、杨缙、韦文英、张问仁、卢可修、李栋、张应诏、王象蒙、刘斯濯、熊伟、刘应奇、王良臣、王雅量、安伸、徐贞、冯上宾、杨镇原，县丞李衮，教谕刘清、王柱，训导蔡深、李乐、王谟，主簿孙文泽，典史王标；清代知县李鸿勋、王毓祥、李铭佩、李继白、陈国珍、张都甫、项龙章、彭景曾、宋本敬、王筮泰，教谕郑天眷，典史陈怀道。

（五）乡贤祠

乡贤祠位于孔圣庙戟门西，面积三楹。内祀有阳城乡贤，分别是元赠潞国公郑鼎，进士卫元凯；明代兵部尚书原杰，左佥都御史杨继宗，山东参政王玹，四川参政田铎，兵部尚书卫一凤，湖广按察司副使李养蒙，山东左布政李豸，山东参政王征俊，陕西按察使贾之凤，吏部尚书王国光，会稽知县杨鹏翼，辽东副使杨植，山东参议张志芳，工部尚书白所知，吏部尚书张慎言，河南道监察御史杨新期，赠吏部尚书张升；清代陕西按察司副使石凤台，赠翰林院侍读学士白所蕴，左春坊左赞善乔映伍，兵部侍郎、陕西巡抚张瑃，赠吏部员外郎田世福，赠江南按察司佥事段上彩，刑部尚书白胤谦，赠都察院左副都御史田雨时，福建都转盐运使王崇铭，户部清吏司郎中张茂生，兵部侍郎、浙江巡抚张泰交，户部左侍郎田六善，文渊阁大学士陈廷敬，文华殿大学士田从典、吏部左侍郎田懋。

（六）忠孝祠

忠孝祠在明伦堂大门内东房。雍正五年，由知县吴绍祚建。内祀元忠臣田辅、卫元凯；明代杨鹏翼、张庆云、田世福、张嘉瑞、吴先、张履旋、王征俊、张慎言，义士杨重光、吴应奎、张鹏云、田自修、张垂芳、曹光祚、王海、栗文辉、马任远、成惠人、贾志儒、郭文会、王海、延人秀、陈大亿、白凤振、白含章、白含秀，孝子吴茂、田祺、陈仲孝、卫吾良、陈炳生、吴志在、于文复、陈思孟、成靖宁、原井田、卫瑄、乔彬、王凤翔、李博；清代忠烈段上彩、王曰俞，义士王重新，孝友吴天泽、崔璇、田宅中，孝子贾峣、白凤彩、白如、张焕、乔于洙、白植芸、卫方士、孙丕承。

（七）节烈祠

在明伦堂大门内西房，雍正五年知县吴绍祚建。节烈祠所祀节妇、烈妇、贞女姓氏从略。

二、县衙

县衙位于凤凰东街街北，距东门坡顶百余米处。其位置在清代属化源坊。古县衙始建于何时，无记载。按照推断，当始于北魏兴安二年（453）。此后有多次改扩建。明洪武四年（1371），知县李芾组织对县衙进行了重修。此后又有多次修缮，分别由明代天顺年间知县曹铭，明正德年间知县郝安，明嘉靖年间知县邹颐贤、辛珊，明万历年间知县王雅量，清康熙年间知县都甫、项龙章、许岳生、缐缠等领导修缮。清同治二年，知县征廉协同绅士卢廷菜、田汝翼重建大门楼、钟鼓楼、大堂、二堂、花厅等。清光绪三十二年（1906），知县沈继焱领导再度修葺。

县衙大门，古称谯楼，其上建楼三间，位于主轴线的最南端，门额书有"阳城县"三个大字（最后一次修建时由时任知县沈继焱书），面临大街，街两侧还设有榜厅。大门东有钟楼、西有鼓楼，其后地处主轴线上的建筑还有仪门（共三间，并有东西角门各一座）、天鉴、大堂（大堂前有东西各科房子十四间，大堂东首为征收钱粮科，西首为县库）、二堂（共三间，并有东西门房各二间），二堂西有书房六间，为官员会晤之所。主轴线东侧有典史厅（内分两院，外院北厅是典史办公的地方，内院是办事

县衙（2016年摄）

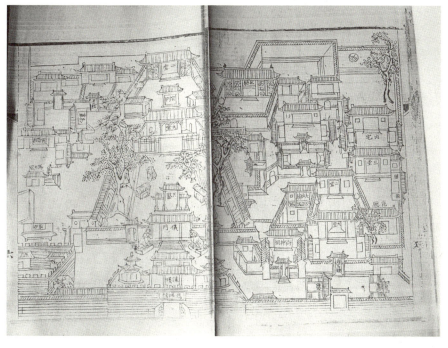

清同治版《阳城县志》县衙图

县衙告示石刻

官员住宅）、寅宾馆、三堂、内斋、拱极阁等建筑，西侧有囹圄（即监狱，男监、女监分设）、衙神庙、三衙、西书房等建筑。

大堂的木柱上悬挂有42字长联：

　　官不爱钱，为一方除暴安良，对天可问心，对人可说话；
　　民当务本，想异日兴家立业，有地多种谷，有子多读书。

此联为光绪二年（1876）八月知县胡德本所题。

大堂的暖阁东西两柱也悬挂有一联：

　　岂能尽如人意，
　　但求无愧我心。

为清宣统年间知县李骏菜题写。

进入大堂背后的第三门内，有一字形长排三院，中院北厅是县署办公场所；西院也叫西华厅，是知县家属区；东院又名东华厅，是下属宿舍；北厅是二堂，民国年间，曾将二堂改为法庭，为民事案件、刑事案件的审讯场所。

在大堂对面的仪门向北的门额上悬挂了一块二尺见方的木牌，上面写道：

　　尔俸尔禄，民脂民膏，
　　下民易虐，上苍难欺。

二堂正对面的影壁下端，有一米高石碑一块，上书：

　　太行巍巍，沁水潺潺，
　　政有枉私，生不还乡。

这是清光绪年间知县郭学谦的誓言。

三、开福寺

该寺位于凤凰东街南端，人民巷13号，北贴街面，南近城墙。初创于北齐天宝四年（553），即在县城成为治所之后整整一百年时创建的。五代晋天福四年（939）重建。历代均有维修。南北长75.75米，东西宽45.5米，占地面积3447平方米。

清末，阳城有十大寺，分别是开福寺、福缘寺、弥坨寺、海会寺、白岩寺、云峰寺、金台寺、上义寺、千峰寺、灵泉寺，其中，以开福寺最为古老。这是一座佛寺，最初名叫"文殊寺"，金大定年间改名"福严寺"，明洪武年间始称"开福寺"。2006年6月，该寺被国务院公布为全国重点文物保护单位。

该寺坐北朝南，呈三进院落。寺门挂"开福禅林"匾额，门两侧有"清晨入古寺，初日照高林"对联。门口有钟楼，钟楼上悬有古钟一座，重一千多千克。大门前西侧有古井一眼，水质甘甜，井口石盖板为双圆孔。前院正中的主建筑为献殿，献殿对面有护神殿（又称天王殿，1928年

开福寺献殿

改为舞台）；从献殿两侧可入中院，中院正中为大雄宝殿，两侧则为寮房和禅室，寺内禅房有"古庙无灯凭月照，山门不锁赖云封"、"出入有僧皆佛印，往来无客不东坡"、"雪水烹茶天上味，桂花煮酒月中香"等联；从大雄宝殿两侧可入后院，后院主殿为千佛阁大殿，左侧为十帝阎罗君殿，西侧为地藏王殿。

献殿建于元代大德元年（1297），现从该殿东北角的大角梁上仍可看到题记。献殿为石砌台基，高达1.6米，面宽三间，进深六椽，单檐歇山顶，琉璃脊饰，明间板门，次间破直棂窗，殿内梁架四椽栿对后乳栿，通檐用四柱，柱头斗拱五铺作，单抄双下昂，补间每间一朵，在整个上党地区都属于上乘佳作。

大雄宝殿建于高0.44米的石砌台基上，面宽五间，进深六椽，单檐悬山顶，琉璃脊饰，殿内梁架为四椽栿对后乳栿，通檐用四柱，殿用减柱造法，仅有金柱两根，柱头呈卷刹，柱头斗拱五铺作，双下昂，补间五踩双抄，金代建筑。左右两柱上挂着正德年间的一幅木质联，上书"一天新雨露，万古老禅林"；台阶上立有唐代古碑，院西有古柏两株。

舞台花梁重修题记为清乾隆三十一年（1766），石砌台基，面宽三间，进深六椽，单檐悬山顶，柱头有砍刹，柱头斗拱五踩，单抄单昂，补间五踩双抄单翘，梁架施彩绘，为明代建筑，清代进行过维修。

每年七月的最后一天，开福寺都要举行盛大的祈福活动，通宵达旦，城内居民家家奉烛于寺前雉堞之上，灯火通明，照亮夜空，此俗传承达数百年之久。

历代常有文人墨客慕名而来，留下了大量的咏景佳句。清道光年间，城内诗人田秌（曾任陕西长武知县），辞官返乡后，与寺僧结缘，曾写《早过开福寺》，诗云：

> 古寺钟初歇，檐瑞透日华。晓烟冲鸟雀，松雪落天花。
> 寒意知春浅，禅心静不哗。已堪孤闷破，活火况烹茶。

堂奥曾写《诗赠元彰和尚归院》诗：

老衲西南曳杖回，山门斜对虎峰开。

青山到处堪栖鹤，绿水随缘可渡杯。

法雨还沾卓锡地，慈云仍复看经台。

好风吹得头争白，松竹成林去日栽。

寺内存民国维修碑一通。1938年，八路军晋豫边游击队(亦称唐支队)司令员唐天际、参谋长方升普、政治部主任敖纪民曾率部驻扎于开福寺。2006年6月，该寺被国务院公布为全国重点文物保护单位。

四、成汤东庙

成汤东庙，俗称东王庙（民间将二郎庙称成汤西庙，因其内塑有汤王像），位于凤凰西街与十字街相交处北部，县城百货大楼和原凤城镇人民政府所在地。始建于宋熙宁年间，宋宣和七年（1125）重修，南宋咸淳七年（1271）大规模扩建。庙中大殿中央奉成汤塑像，左伊尹，右莱朱。大殿东为关帝殿，西为高禖殿。大殿前为献亭，亭中有古井一眼，献亭左有东华门，右有西华门。县城居民常在此举行春祈秋报活动，春祈的时间是每年的农历五月十二，秋报的时间是农历七月十五。另外，宋绍圣初县令张之才，辽州人，勤谨爱民，时称良吏。离职时来到此庙，写有《辞汤庙》，诗云：

一官来此四经春，不愧苍天不负民

神道有灵应信我，去时犹似到时贫。

县人刻石记之。

五、保宁寺

保宁寺，位于南门坡底路西，原县总工会旧址，为佛寺。始建年代不详，金代即有修缮。大门前有石阶，门楼高大，为斗拱式。下院宽敞，正殿有高大的泥塑金装如来佛像，以及诸佛像。新中国成立后，拆寺毁像。上院除神殿外，还有禅室，非常幽静。寺后一院，有铺面临西街开设。

六、城隍庙

城隍庙是佛教庙宇还是道教宫观，不少人对此感到迷惘。最初，城隍信仰是民间自发信仰，后来道教把城隍纳入自己的神系，城隍庙也就归入道教宫观中了。

古人非常重视居住地的平安，每建一座城市，在大的环境方面讲究山环水抱，使城市占据易守难攻的地位。同时在城市的外围修筑高大的城墙、城楼、城门以及壕城、护城河，以防范外来之敌。这些城墙和护城壕，在古代称为城隍。这些，古人觉得还不够，还要找个神灵来保佑一方平安，于是，在古代中国，便出现了城隍神，并形成了独特的城隍文化。这些城隍文化，以忠君爱国、正直无私、善恶自有因果报应为主要观念。到了宋代，城隍信仰在民间已非常普遍，并将城隍人格化，称城隍神为城隍爷。元代文宗天历年间，朝廷让城隍爷配享夫人，从此城隍庙里多了一个专门供奉城隍爷和城隍夫人的寝殿。明代，更是把城隍信仰推上高潮。明洪武三年（1370），朝廷颁布了专门祭祀城隍的典章制度，各地纷纷修建城隍庙，城隍也开始正式列入国家祭祀神灵的范围。城隍庙除了供奉城隍神之外，两旁一般分列八大将、判官、牛头、马面、黑白无常以及十殿阎王等配神塑像。城隍庙在选址布局方面也有别于佛庙和道观，它是以类似衙门的布局来设计的。南明吏部尚书张慎言（阳城屯城人）曾作有《阳城县重修城隍庙记》。

濩泽古城城隍庙位于凤凰西街街北，司上巷口西侧，始建年代不详。明代洪武年间重建，成化年间增设仪楼、画廊及庙前牌坊。至清末，其主要建筑有仪门、前殿、戏楼、八卦亭、拜亭、钟鼓楼、献殿、大殿、东西配殿以及十帝阎罗君殿、寝宫、梳妆楼、花园、廊庑等，共有大小8个院落，石柱72根。

庙门为八字牌坊形，木结构，门楼高大，两侧蹲石狮一对，左右有耳门。大门两边各塑一尊像，右为神荼，手举大鹏，左为郁垒，脚伏猛虎，人称"鹏虎神"。门头挂一木匾，上书"你也来了"。二门顶上是戏楼，台下是通往观台的甬道，两侧各有一米高的台阶，台阶后有耳殿，内塑泥像。台阶上是群众看戏的地方。戏楼对面正中是观台，为绅士、老社们看戏的席位。观台后有四扇槅门，一进门，东西各有两通石碑，碑础均为大石龟。通往正殿的甬道中设有"拜亭"，亭中置有较大的铜香炉。亭的两侧是钟鼓楼，楼前植古柏。楼两侧有十帝阎罗君殿。拜殿后有八卦亭，亭阁考究，玉雕石栏，价值为全县之冠。亭中放一锡供桌。至亭后拾级而上，便是正殿，正中塑有金妆城隍神像，正殿之中祀奉城隍大神，两旁分列八大将、判官、牛头、马面、黑白无常、钟鼓神以及十殿阎王、十八司等地狱塑像，还有一些配神。两壁上画有判官、小鬼等及锯分身、锥捣、磨研、过刀山、下油锅多种刑罚图。原画被盗，后由清末民初的民间画师马占元（工于神仙画）补画。正殿两侧有一米宽小门，进门内便是城隍神的寝宫，里有暖阁床、被褥陈列。宫内小楼为城隍娘娘梳妆楼。

每年正月十五，县城都要举办闹元宵、城隍出巡等项活动。是时，将城隍神坐姿木像移到供桌后，桌前摆四张方桌，呈方形，上摆16盘各样果碟、24碗山珍海味、红烧鸡、红烧鸭、红烧崽猪。前方一张方桌为香案，上置香炉、蜡台、纸、香、烛、鞭炮等。城隍庙的社首由有经济实力并有声望的人担任。每年正月十五前选好社首，正月十六办理前后两任社首的交接手续。由于新选的社首必须给城隍捐献土地、钱财、粮食等，一般人不愿担任，所以俗称"捉老社"。其地租、房租、利息等项收入，除开支住持生活费用、正月十五戏费及三次城隍出巡花费外，所剩钱粮全归社首所有。

每年清明，为城隍出巡之日。出巡路线为凤凰西街至县城东关。当日，城隍雕像被安排在八抬大轿上，武夫前呵，并置有"回避""肃静"的牌子开道，社首提着提炉紧随其后。社首之后有四名儿童双手捧"捧炉"，此后有和尚跟随。一路吹奏器乐，从城隍庙出来，沿街出城，至东关北坛大厅坐坛，观者塞途。当晚，在鼓乐喧天、灯火辉煌的氛围衬托下，还要举行迎城隍回城隍庙的仪式，城隍神回到庙中，被安置在后殿。

在正月十五所置办的供品中，曾有一种名叫"满汉供"，制作精美，花样繁多。上百碗一桌需数千纹银，百姓苦不堪言。清光绪三十四年（1908），知县郭学谦（甘肃武威人）体民疾苦，取消献"满汉供"，县人称善。

七、二郎庙

又称成汤西庙，位于凤凰西街县政府第二招待所的斜对面。北宋崇宁年间庙内曾铸有较小的铜城。民国初年，其正殿内有成汤和二郎神塑像，东配殿有高禖神塑像，西配殿有药王塑像。

八、太清观

位于凤凰西街二郎庙东北，为全县第一座道观。此前道教早已传入阳城。金大定五年（1165），城内元辰殿被敕额为"太清观"，为阳城建观之始。太清观住持道士依次为法尊、杨善庆、洞云等。清末，太清观位列阳城三大观之一（其他两观分别是台底的岱岳观和王村的灵泉观）。太清观下辖太极观（在观腰村）、长生观（在淇汭村）、真武阁和今之酒庄、西关、桑林宫上等小观。民国初年，太清观内古柏遒劲，桧树参天，枝繁叶茂，浓荫蔽日，除玉皇阁、三清殿、龙虎殿、献殿外，还塑有四大天王像、菩萨像、四圣祠等，内置铁钟一座。清人宋雄飞游观后曾留诗一首，诗云：

> 易觉春光老，难消夏昼长。问因伤道气，嚼句疗饥肠。
> 殿古苔痕涩，坛高桧影凉。黄冠谁可雨，试与辨亡羊。

太清观有道士8人，住持师赵全银，下辖小观各有道士1~2人。阳城解放后，道士皆返家务农。

九、杨侯祠

位于五岳庙东、仰山书院西。清道光年间建，是为纪念明崇祯年间知县杨镇原（河南陈州人，明万历己未科进士）保卫县城的功绩而修建的。清咸丰年间，知县王佩玉将每年农历七月十九定为祭拜杨侯之日，并在纪念日前后演戏三天。杨镇原于明崇祯二年（1629）任阳城知县。他为人厚重少文，为政注重清净，吏民犯法，不用重刑。为防止陕西农民起义军攻城，曾于明崇祯四年（1631）及五年（1632）领导修茸城墙，并于城西北建城楼，于城东西门增建瓮城。由于城池坚固，防守严密，义军虽屡次入境，却始终未能进入县城。崇祯七年（1634）三月，镇原升任户科给事中，离任时，阳城百姓感恩，为其立生祠，明崇祯都察院右佥都御史张鹏云（阳城郭峪人）曾作有《杨邑侯去思碑》，南明吏部尚书张慎言（阳城屯城人）曾作有《邑令杨公生祠记》。杨镇原后又出任河东参议。临终时，嘱咐儿子道：阳城是我的第二故乡，我死后，魂魄眷恋这块土地，不要把棺椁送还故乡。于是他的尸骨，埋在了县城外南面的山丘上。

十、高庙

由天王台和五岳庙组成。天王台(民间讹称"天门头")，又称天王庙，位于古城西北部制高点上，始建于金元时期，台下建有五岳庙，与天王台统称"高庙"。台上建台人称台上台；台上有殿，殿内有古槐一株，人称"屋里槐"，与"台上台"均为盱眙县城一小景。台上门额为清文华殿大学士兼吏部尚书田从典之子田懋书写的"尺五天"三字，极言天王台地势之高，此处为全城的制高点。登台而望，四面云山尽收眼底。

十一、西关土地庙

土地神崇奉由明代始盛，这与明皇帝朱元璋有关。《琅琊漫抄》记载，朱元璋"生于县灵迹乡土地庙"。土地爷的形象大都衣着朴实、平易近人、慈祥可亲，多为须发全白的老者。

西关土地庙

　　西关土地庙，位于西城里（今西关村）中街北侧。建于明初，由西关人田辅（行中书省参知政事）后人将自家的祠堂捐出来建成的。坐北向南，东西宽约22米，南北长约27米。院北为神殿，殿正中祀土地神，牛王神、金童和玉女、山神分立两侧；东墙壁画为三清赐林、天官会土、地公查巡；西墙壁画为佛祖点化、求土指教、地勤献生；大殿木柱上画有翔龙腾云图样；正壁上嵌有康熙元年知县潘元鼎（浙江昌化人）所撰《古桧歌》碑。戏台设在大门门洞之上，院南建有看楼。院内有一株千年古桧。1983年，县人民剧团进驻时将该庙部分拆除。2003年，在土地庙原址建竹林山大酒店后，现仅存正殿三间。

十二、西关关帝庙

　　位于西城里（今西关村）旧街西端北侧。建于宋代，庙坐北向南，东西宽约44米，南北长约45米，依山就势，大门临街。庙门高大，两旁有大石狮两尊。正对庙门外的街南面有一高大照壁，砖雕精美。庙内为上下两进院，正殿位于上院，内有关羽塑像，东西两侧分立关平和周仓的塑像，殿内壁上有关羽过五关斩六将等彩绘壁画。关公像座下设有可移动的机关，连接进门地下的方砖，人若不慎踏着，会使神像移动过来。正殿前有戏台，通过下院东西两侧石阶而入。殿宇雄伟，古木参天，气氛肃穆。明成化四川布政司左参政田铎曾作《重修义勇武安王庙记》。

十三、西关五瘟庙

位于西城里（今西关村）旧街中段南侧，建于宋代。该庙坐西向东，东西长约42米，南北宽约23米，为二进院落。主殿供奉五瘟神，分别为春瘟神张元伯、夏瘟神刘元达、秋瘟神赵公明、冬瘟神钟仁贵和总管中瘟神史文业。配殿供有菩萨、高禖神和药王神。清顺治刑部尚书白胤谦撰有《重修三灵侯广禅侯五瘟神合祀记》碑文。其中，菩萨殿的铜铸菩萨像手持净瓶，其身边有善财一童子，双手捧一圆盘，赤足而侍。铜菩萨身高1.1米，童子身高1.03米，总重42.8公斤。该像一直保存在西关五瘟庙的菩萨殿内，至民国初年，被秘密保存在社首家中，直到抗战爆发后被日军劫去，现下落不明。

该庙于端午节唱戏，起庙会游者最众。1978年被拆，其旧址上建有西关卫生所。

十四、福缘寺

俗称西寺，位于天王台城墙下路西，建于唐中期，是清末阳城十大寺之一。该寺坐北朝南，三进院落，分设有佛殿、千佛殿等，其中东寺为僧侣生活之地。三院内殿堂数十间，供奉佛家诸神。寺内古柏森森，有唐槐数株。该寺清末时期被毁，只留西南角一座尖砖屋，内存一尊高大的铁佛像，后毁于日军之手。清康熙户部左侍郎田六善撰有《重修福缘寺碑记》。

十五、尼姑庵

原西关街进口不远，四折巷出口，圈门外建有尼姑庵一所。新中国成立时被拆除。

明弘治间，县城西关人原湖家贫，给人当雇工。一天，原出，其妻王氏与两小儿在家，有暴徒伺机入室用刀威胁，欲行强奸，王氏拒不从。暴徒捆其手脚，但她滚地乱撞，骂不绝口，使暴徒难以得逞，惨遭杀害。后来暴徒被抓获。知县李泽（山东历城人）命人在城西（今裕华公司处）立了一座"王烈妇执义抗贼处"碑（此碑1958年前尚在），碑上刻有诗：

有谁千载吊贞魂？芳草萋萋锁墓门。
身在九泉名在世，长留义气满乾坤。

十六、三教会

位于原西关街三教巷内，占地面积700多平方米。三教会坐北向南，两层楼房，大门朝西。院内东北角上建有一个眺望楼，高度与天王台（现天门头）等高，20世纪40年代后期太岳区话务处曾驻于此。三教指道、儒、佛教，院内供奉三教始祖老子、孔子、释迦牟尼像。1989年扩街改造时被拆。

十七、山神庙

位于甄家岛西北，西小河以南处，西房为正殿，东侧有偏殿，西南为大门，占地面积120多平方米，庙内供奉山神。此庙于1992年被拆。

十八、孔氏家庙

位于原西关粉泉巷东侧，为孔氏后裔孔克诚所建。明代，泽州学正孔思讷迁平阳（今临汾）教授，道出阳城，不幸因病去世。其子克诚遂隶籍阳城西城里，厥后任凤翔知府，建孔氏家庙于西关街南。

十九、西关文昌阁

原址在县荣泽路天王段与鸣凤村的交汇处，坐北向南，长14米，高8米，宽7米，阁下有一砖圈胡同，供人行走，楼上塑有孔子像。

二十、铁佛寺（麒麟阁）

西关城壕院背后五十余米处，旧时曾建有铁佛寺，寺中正殿内铸有铁佛一尊：观音菩萨打坐在麒麟背上，怀抱一婴儿（寓麒麟送子）。铸像全高约5米，壁厚约4厘米，内空，重约数吨，铸造工艺精湛，铁佛寺因此得名。后因年久失修，寺内建筑逐渐塌毁，只留下"麒麟送子"的铁铸像独处荒野。

1933年，由选村民杨射恭建、原尚恭（系当时正、副社首）负责，并由该二人出资60%，其他村民捐资40%，重建殿堂，面阔三间，高5~6米，改名"麒麟阁"。1947年，太岳军区在西沟建立了兵工厂，由于缺乏钢材，遂炸毁了铁佛像，将碎片运往兵工厂，当作制作手榴弹及其他兵器的原料。

此外，西关村东北有社稷坛，村西有总铺司、天地坛和八腊庙。今已不存。

二十一、南关关帝庙

位于南关街北端入口处东侧。关帝庙坐北向南，背依南城大道，清代建在一石桥上。三间大殿主祀关公，雕塑有关羽护送皇嫂去找刘备、曹操赶至霸陵桥挽留关羽的故事图。殿前有小广场，跨街筑有戏楼，两边有厢房、看楼，后改为店铺。

二十二、南关华严寺

位于南关官道上往南，在与坪头村毗接处的一列高岗上。其殿宇宽阔，掩映在万绿丛中，景色秀丽。殿内主供佛祖及诸菩萨。寺内僧舍众多，广接四方游僧，香火旺盛。寺旁有明末知县杨镇原的墓地。

二十三、南关后土祠

在南关关帝庙东侧巷内，一字排开，共有大殿、偏殿三座，专祀后土神。

二十四、东关玉皇庙

位于东关城后巷中段小十字北侧，相传为唐天宝中建，金章宗时，常做修缮，旧有王廷筠碑，今存。该庙从西门进入后，即是宽大的正院，分上下两级。正殿主供玉皇大帝，左右侧殿供奉高禖神及其他诸神。东北部为后院，有高耸的千佛阁和宏伟的大殿，供奉着佛祖及菩萨诸神，由此过厅可进入东院。由东大门进入东前院，有禅房及文昌阁。阁下为圈洞，青石铺道。沿道北上西折通往厉坛，正北直通拱辰阁。

二十五、东关关帝庙

位于东关街，通济相府沿街北行约200米处，是县城规模最大的关帝庙。

该关帝庙坐西向东南，门朝街衢，高大的门楼两侧石狮雄踞。大门对面立一绿色琉璃照壁，壁上雕塑主题为二龙戏珠，周边饰以如意八宝。登石阶进入大门后，分左右拐两道门再上数阶跨入大院。大门顶筑戏楼，两边分别有一高阁，即钟、鼓二楼，为三层；阁下各有窑洞一

东关关帝庙全景

东关关帝庙后院春秋阁

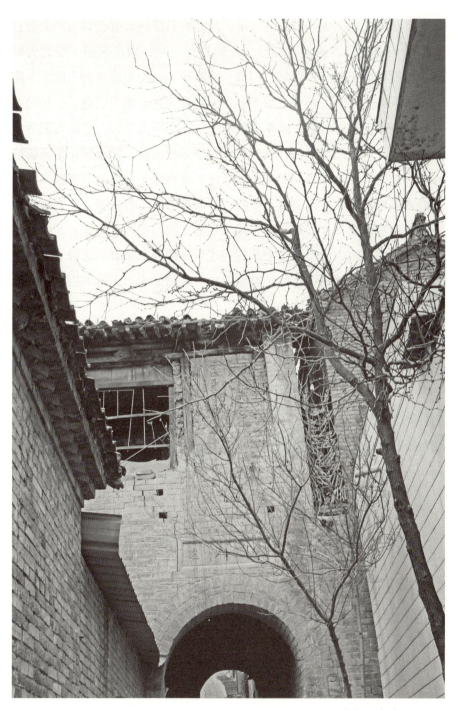

东关玉皇庙入口

处，窑口朝大街，内各有古井一眼，与庙内另外三口井合称为"关帝五泉"。庙院内东西两侧为禅房，西侧另有一院，为汤帝庙。院北为献殿，献殿两侧是东华、西华二门楼。登阶而上，便是庙院的上院。上院一排大殿共十五间，其中正殿五间，内供奉关羽、张飞、赵云、马超、黄忠"五虎上将"塑像。院东西各有一门，登阶至后院。后院西侧有春秋阁，凡三节，出檐立柱，设楼道，琉璃尖形屋坡，葫芦顶，是该庙的标志性建筑。阁中层内有关羽读《春秋》坐像雕塑。阁右边有数殿，内供高禖诸神。东侧石阶上有一小院，沿墙再上数十石阶有一高台，迎面一厅，内塑黑虎神（即赵玄坛）像。厅后大院，四面设走廊，北中过道两侧分别供奉四大天王和玉皇大帝。道后分两侧上楼有一正殿，供祖师神。还有金顶玄武阁（俗称小金殿），阁高约50米，上下四层，是全庙制高点，登阁可俯视全城。

二十六、东关真武阁

位于东关街落料端，建于一块大石上，北依青山，南傍绿水（南有一泓清池，名曰化龙池）。大门前是大道，两边为厢房，上建两层小楼皆开窗向河。两侧有高大的尖顶式钟鼓楼，钟鼓楼两侧还建有三层阁楼两幢，巍峨挺拔。进大门有石阶通上院，大殿供奉山神。殿前大院有古柏两株，两柏间悬一大铁钟，邑人称之为"两柏一口钟"，为旧时城郊一景。

第二节　古代书院

一、同文书院

位于县仓之东（今县供销联社后院），清乾隆五年（1740）由知县谢廷谕(广西人）主持创建。此处是行台（也称察院，是上级监察官员下榻之所）的旧址，每当上级来员，院内师生即行迁徙，极为不便，三十年后废。

二、仰山书院

位于行台之西、二郎庙的西北面、原人民医院住院部大楼之北。原名镜山书院，衍用镜山堂之意；后改名为仰山书院，"仰山"之意，取自《诗经·小雅·车辖》"高山仰止，景行行止"。乾隆三十五年（1770），在知县王正茂（安徽卢江人）的倡导下购买了户部侍郎田六善的书房"镜山堂"遗址（今原县防疫站旧址）而建。镜山堂建于清康熙九年（1670），清顺治刑部尚书白胤谦于康熙九年（1670）为之作有《镜山堂序》，并亲书"镜山"匾。

清嘉庆二十五年（1820），知县王嵊协同绅士燕山等十余人劝捐，安阳潘为杰捐银八百两，对书院再次进行修葺并加以扩建。书院坐北向南，为东西窄而南北长的长方形建筑，分前后两院，前院有讲堂5间，平台1座，门房3间，门楼1座；后院又分为东西两院。西院东西房9间，东院正厅3间，东房10间，为学生修业住地。

该书院于清光绪二十八年（1902）停办。次年，将新成立的阳城县高

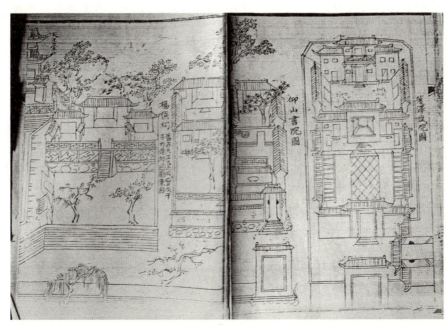

清同治版《阳城县志》濩泽试院、仰山书院平面布局图

等官办小学堂校址设于此。清光绪三十三年（1907），阳城县教育会在此成立。1916年，又在此设立了阳城县农业学校。

三、濩泽试院

位于原三贤侯祠旧址（今太岳烈士陵园东侧、县社西侧），为童生参加县试的场所。清同治十年（1871）建。此前，县试无专门场所。每次省里举行乡试前，阳城都要举行两次县试，应试考生曾达数百人，考场要临时设置（一般设在县明伦堂），桌椅也由考生自带，极为不便。入场时，考生争先恐后，拥挤不堪。清同治十年（1871），已莅任三年、两临县试的阳城知县赖昌期（湖南善化人）体恤生情，邀集地方绅士集资修建濩泽试院，并带头捐制钱两百串，当年秋动工，次年冬竣工。濩泽试院共有房舍六十多间，共花费白银2800多两，分上院、中院、下院三个院落。下院设有东、西考场各十三间，桌椅全为石质，可容纳考生四五百人；中院有大堂三间，东西耳房各两间，东西平庭各三间；上院有文昌楼三间，东西耳房各两间，上房三间，东西厢房各两间，东西平庭各三间。此外，试院入口处还设有大门、仪门，门外南北还设有乐亭。清光绪三十二年（1906），随着科举制度的废除，试院停办。

四、泮宫书院

元代至正十二年（1352），阳城县尹赵绳祖（燕都人）主持创建，院址在化源里县城东南角。赵绳祖还为书院题了"正蒙"等字。时任教谕有刘从道、栗翔，书院教师有聂希贤等。

五、映奎书院

明代万历四十二年（1614）由县令王良臣主持创建。院址与县城东南角的奎星阁（今县法律顾问处附近）相连，故命名为映奎书院。清初顺治年间，知县都甫改为聚奎书院。康熙年初，改聚奎书院为三贤侯祠，后又改为文昌宫。

第三节　古代园林

一、西池

碧柳墙头荫，清溪园外斜。

西池，位于县城西池路东出口80米处，是县城最古老的园林，距今有700多年的历史。西池水源自西小河北岸的西大泉，该泉原名玉泉，亦称永惠泉，又名粉泉。清康熙初，刑部尚书白胤谦（城内人）欣赏西池美景，更爱西大泉之水，特为该泉题名曰"湛泉"。

金末元初，忠昌军节度使郑皋（阳城县屯城村人）相中了这块宝地，在西大泉附近靠西河北岸创建花园，引泉水建池塘，临池建亭台楼阁，栽培花木，与其妻及儿子潞国公郑鼎、孙子泽国公郑制宜相继在此寓居、休闲。

明万历十三年（1585），太子太保吏部尚书王国光（号疏庵，润城上庄人）回阳城时，把西池买下，建疏庵别墅，重修水榭、大厅、东院书

西池七榭厅

西池一角

房，扩池并加修石栏，在池内堆砌假山，植柳种花。

　　明末崇祯年间，出身于城内官宦之家的石承坚将西池买为别业，将原来的建筑修葺一新，还在池塘西北新建"琴雨轩"书斋，西南空地辟花圃一方。后来，据说池内生了"娃娃鱼"，游人生畏，且听信方土传言，故转卖给城内化源里王裕为业。清咸丰九年（1859），新建了后北厅及南面花亭，由暗渠引池水，从花亭下流入西河，花亭正中有翰林王通昭题写的匾额，东西两侧挂有曾国藩、田荆等名人题写的木联。后因王氏家境衰落，使西池建筑倾圮，池水湮漫，园林萧条。

　　清宣统三年（1911），知县李骏菜望而惜之，置归公有，并辟为公园。池周置石槛，临槛建水榭七楹。南面开得两渠，交注于前之曲沼，经隐渠从南亭下流出围墙。泉水清澈见底，冬暖夏凉，故南墙外池水出口处浣衣者通年不绝。池畔遍植垂柳、海棠、石榴，墙边广植桃、杏、松、柏等，东院植藤萝一架、翠竹一丛。榭后厅壁有王国光、张慎言、文徵明、王稚登、董其昌等名人书法石刻及李骏菜的《田家四时乐》等，其中王国光的石刻题联为"疏泉日永花初放，幽院人来鸟不惊"。北面干燥处建有西城官办小学堂，其设计与监督施工皆由时任阳城劝学所视学的著名学者杨兰阶担任。

1917年，在西北建小院一所，作为接待上级官员的驿馆，设西城官小学于其中。清末的书法家杨念先在《重修西池碑记》中写道"贤才多晋宋，风景胜苏杭。"

1938年8月，八路军总司令朱德从垣曲来到阳城根据地，在西池向当地党、政、军和各界群众作抗日形势报告，并在此住宿。

1940年日军盘踞县城后，西池饱受日军破坏，三径荒芜，面目全非。

1945年阳城解放后，又整修西池，内曾设太岳行署文教馆。1950年，设县文化馆。

二、依园

依园位于鸣凤村沟湾，为田懋于清乾隆十三年（1748）所建，村东低凹处有个砖甃的拱圈门，额上题有"是一香山"四字，背面题额"闲云野鹤"。圈门内路北的依园住宅大门上题额为"山林气象"。院内大小三进。院北建筑依山就势，亭台楼阁错落有致。宅院旁门外，眺台高筑，花木葱茏，是依园的花园。园周遍植文官果、白果、天松、侧柏、紫金等名贵树种。园内辟有花畦，栽有牡丹、芍药、玫瑰及菊、竹、梅、兰等花卉。园旁用太湖石砌建的五尺高台上盖有五角凉亭，内置石桌、石凳。亭旁建鱼池一方，石栏桥梁横贯其上。园南楼前有一片坡地，上近城垣。春来，桃花怒放，故称"桃园"。另有一窑洞，上建榭阁。乾隆戊辰（1748），园主田懋将园中景致概括为"依园八景"，即林中高阁、花隙茅亭、小台丛碧、乔树长青、烟畦芍药、芳径梅花、月夜花茵、霜天红叶，并写依园《八景诗》以记，全诗如下：

林中高阁

卜筑城北隅，深林有高阁。迷离目绿云，俯仰罗翠幕。
远引高士峰，近接幽栖郭。一觞闲过从，竟日足娱乐。
门外小车声，毋惊我篱薄。

花隙茅亭

诛茅结小亭，亭在花树下。索楹无雕饰，曲径自萧洒。
沉沉芳影移，淙淙幽湍泻。容膝可欢颜，愧非万间厦。
独坐受好风，赖以消长夏。

小台丛碧

性僻爱幽竹，所居必成丛。筑台于其旁，仅可一膝容。
红紫久生厌，比君殊不同。干直良可嘉，尤贵在虚中。
相对每忘返，岁寒庶有终。

乔树长青

万物秉天赋，因时异荣凋。我于众中木，所敬惟松乔。
根著九泉深，干持参天高。凡卉既就芜，日及不崇朝。
吁嗟老龙鳞，乃得见丰标。

烟畦芍药

芍药何窈窕，殿春生可怜。植此女儿花，临风效娟娟。
亦闻金带围，曾供宰相筵。自从委空谷，芳姿锁轻烟。
起吟红药诗，长怀白乐天。

芳径梅花

种梅幽径侧，梅芳径亦芳。虽非地所宜，亦解舒清光。
著花雪里艳，结子雨中黄。捋之不盈把，将以遗远方。
还复置怀抱，辗转心忧伤。

月夜花茵

园中有隙地，随意植繁花。春光及秋色，五色相交加。
我来夜继日，沐月有光华。时或不衫履，拂茵卧青霞。
慎毋尽兴游，零露沾凉纱。

露天红叶

霜繁天气清，疏林灿红叶。点缀清园花，秋容互重叠。
主人无一事，园小每日涉。欲觅九还丹，青云庶可躡。
安得勾漏砂，枝头红一捻。

八景诗碑刻，现仍存于一院墙间。

道光末年，依园被盐商白陵买为别业，又加修葺，使园林面貌一新，村人改称此园为"白陵池上"。白陵之子白少山常在此以文会友，城内文士常在此饮酒赋诗，由于聚会时常遇雨，故又改园名为"酿雨山房"，且刻石为志。咸丰五年（1855）正月，赵连城、王发囤等人发动了"闹盐粮"起义。义军入城后，将盐商白氏住宅捣毁，白氏家境破落，将桃园破房和松柏树木渐渐卖光，依园旧貌不复存在。

1946年春，太岳报社从沁水县石窑村迁到后沟依园，1949年8月报社撤销。

第四节　其他古建

一、风云雷雨坛

俗称南坛，全称为风云雷雨山川坛，位于南关村南土岗上，清咸丰十年（1860）知县征廉（汉军镶白旗人）领导修建。旁有先农坛遗迹。

二、先农坛

位于南关村南土岗上，旁有风云雷雨山川坛。清雍正四年（1726），知县彭景曾（浙江海盐人）领导修建。雍正六年（1728），知县吴绍祚建坛殿，同治三年（1864）毁于洪灾。

三、铺司

位于西城里（今西关）西侧关帝庙石桥西的路北土埌上，为总铺，设有营房一处。时在雍正二年（1724），知县彭景曾奉文于各都里建十二处铺司。雍正七年（1729）废铺司。

第四章　寻常巷陌

第一节　街　道

一、古城东街

其东入口为惠元门，西至十字街。该街两旁主要建筑有文庙、司农府、典史厅、县衙、开福寺等。有十凤齐鸣、十凤重鸣两座木牌坊跨街而设。

二、古城西街

其东起自十字街，西至丰泽门。该街两旁主要建筑有东成汤庙、城隍庙、太清观等。有杨继宗石牌坊。

三、古城南门坡

其南起蔚文门，北至十字街。该街两旁主要建筑有保宁寺等。

第二节　巷　道

一、儒学巷

位于孔庙与文昌宫之间，为二者的分界胡同。清末，该巷的北出口处有"三台接武"牌坊。南出口为泮宫牌坊。

二、崇德巷

即原水利水保局东侧胡同。此胡同口有璩家院，临街有数家璩氏商铺，有名的永茂饭店也位于街口附近。

三、龙门巷

即原县实验小学和县电影公司之间的胡同。清代，为文庙建筑群与开福寺建筑群之间的分界胡同。清道光年间，该巷北口树有旌表清乾隆乙卯（1795）进士、武英殿国史馆纂修、监察御史王瑶台和清道光丙申（1836）进士、山东道监察御史王通昭父子进士的双斗旗杆；该巷南口有清康熙丙午科（1666）举人、北楼营参将石子固总兵府的"威镇南海"门匾。

四、白家巷

位于开福寺和旗杆巷之间，据传为白氏自陕西清涧迁来阳城时的首居之处。

五、酱馆巷

位于开福寺与瑞泰源商号（清代县城第一大商号，由怀古里富商段氏经营）之间，为开福寺的重要通道，古时商铺较多。

六、田家巷

为清康熙户部左侍郎田六善司农府内胡同。详见司农府。

七、老衙巷

为县衙西侧胡同，今已不存。

八、小衙巷

地处今凤凰东街蔬菜公司胡同，巷内有明天启工部尚书白所知的"司城第"（亦称尚书第）。清顺治刑部尚书白胤谦的"归庸斋"在此巷。

九、三节阁巷

位于十字街往东今新华书店胡同，内有王母庵（即今教育局南区所在位置）。

十、卫家巷

位于今太行商场处，开北街时该巷被毁。

十一、陈家巷

位于今城关商场东侧，今尚存。

十二、水道眼巷

位于乡贤巷东侧，今司上巷对面，内有杨继宗后人大院、明陕西按察使贾之凤府第。

十三、乡贤巷

位于太岳烈士陵园正对面胡同，内有白所知之父白铎从下黄岩复返城居所修的几个院落和白家祠堂。该巷内曾居住有三位乡贤：明天启工部尚书白所知之父白铎、嶂县训导白所蕴与其子刑部尚书白胤谦。此巷为白胤谦的出生地。

十四、西当铺巷

位于县城影剧院之处，建院时拆除。

十五、李家巷

位于崔家巷（原县人民医院胡同）对面，阳城文化名人李希安居此胡同内。

十六、司上巷

系指今太岳烈士陵园和惠康超市二号店之间的胡同，南出口原树有杨继宗木牌坊，巷北有明万历吏部尚书王国光的四柱三楼石牌坊，巷西为濩泽试院。司上一词出自《墨子·号令》："为人下者，常司上之，随而行，松上不随下。"

十七、二郎庙巷

即今人民银行与古城商场之间的胡同。古时为西成汤庙与荣仁堂诊所的分界胡同。北出口达仰山书院，南出口临街近杨继宗牌坊。

十八、高庙巷

即今人民医院旧址西边胡同，南出口临街近清德井（为双桶圆口井），北出口达天王台。

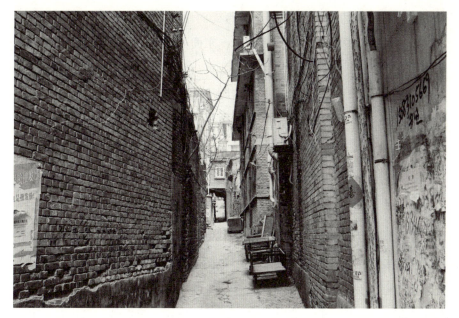

高庙巷

十九、乌衣巷

位于城隍庙（今太岳烈士陵园）西侧，今已不存。

二十、轿夫巷

位于成汤东庙（今人人家商场西侧），今已不存。

第三节　牌　坊

一、十凤齐鸣牌坊

清顺治二年（1645），在科举考试中，阳城有十人同中举人，次年，又有十人同中进士。这连续两年十人同时考中举人和进士的情况，在阳城历史上仅此一例，县人对此既高兴又惊异，特地在文庙门前树起了"十凤齐鸣"的牌坊。后来，在改建时，为彰显先人荣耀，又将此牌坊移至文庙背后、儒学巷北出口的大街上，跨街而设，采用两柱双额单檐木制双面制式，两面上额皆书"十凤齐鸣"，东面下额书"大清顺治丙戌科进士田六善、杨荣序、王润身、王兰彰、卫贞、乔映伍、张尔素、段上彩、王克生、赵士俊"；西面下额书"大清顺治乙酉科举人卫贞、杨荣胤、乔映伍、田六善、王兰彰、王润身、李芝馨、王道久、白方鸿、田绍前"。前一年的十个举人中，卫贞、杨荣胤、乔映伍、田六善、王兰彰、王润身为联捷进士。

二、十凤重鸣牌坊

清顺治八年（1651），在科举考试中，阳城又有十人同中举人，为此县人特地又在旧县衙仪门东侧树了"十凤重鸣"牌坊，也采用两柱双额单檐木制双面制式，两面上额皆书"十凤重鸣"，下额皆书"大清顺治辛卯科举人杨崇高、张于厅、陈元、成益昌、王曰翼、卫振辉、杨拱明、王步阶、上官准、贾益厚"。

三、杨继宗牌坊

清末，古城西街司上巷（今县供销联社胡同）临街口有杨继宗木牌坊，上书"都宪坊"，下书"巡抚云南左佥都御史贞肃公杨继宗"。杨继宗，字承芳，号直斋，匠礼人。明天顺丁丑进士，官湖广按察使，以左佥都御史巡抚云南，为明成化"天下四大清官"之一。天启初，追谥"贞肃"。《明史》有传。

四、王国光故里牌坊

清末，古城西街司上巷北（今县供销联社后院）有王国光牌坊，为四柱三门石制双面制式，中额正书"王国光故里"，右额正书"钧平四海"，左额正书"统率百僚"。王国光，字汝观，号疏庵，润城上庄人。明嘉靖甲辰进士，官光禄大夫、吏部尚书加太子太保。为明万历初期的政治家、财政家，是张居正改革的得力助手。《明史》有传。

五、旆盛牌楼

位于南关宁家圪塔南面、西小河北岸，属县文庙的附属建筑。牌楼北面与文庙遥相呼应，南面隔河与虎头山文峰相望。牌坊整体为沙石结构，四柱三门，方形石柱边长0.5米，石柱底部有夹杆石加固。中间一门上嵌沙石大匾，镌刻"旆盛"二个大字，东、西二门较低。无瓦脊，四根石柱均高出匾牌60多厘米。牌坊坐于高约一米的石台上。20世纪60年代拆除。

六、八座双隆牌坊

位古城丁字街，为清拔贡白秉昌为追尊白家先祖两位尚书的荣耀历史而建。八座双隆是指在左右丞相和吏户礼兵刑工六部尚书八个座席中，即有双席位为白家所居。该牌坊的前身为"宣忠保节"牌坊，是为纪念元代潞国公郑鼎（屯城人）而修建的，木质结构，毁于民国时期的一场大火。八座双隆牌坊汲取了先前的教训，采用砖石结构，牌坊与街等宽，四面三门，三个拱门上嵌长方形青石匾，匾有花饰，各镌刻"八座双隆"四个大字，下书两行小字：明天启工部尚书白所知、清顺治刑部尚书白胤谦。石匾上方四周用筒瓦出檐，攒尖顶，顶部有铜葫芦装饰，每当晴日，光芒四射。该牌坊东、西、南三面均有门，古城主街从东西两门穿越，南面之门与南门坡相通。牌坊北面的墙内有一长方形小阁，称关公阁，内置关羽塑像，阁前设有供桌。八座双隆牌坊于1958年拆除。

七、三台接武牌坊

三台，是汉代对尚书、御史、谒者三台的总称。尚书为"中台"，御史为"宪台"，谒者为"外台"，合称"三台"。隋代，炀帝置司隶台，与谒者台、御史台合称"三台"。唐代，尚书省又称中台、中书省又称西台、门下省又称东台。武者，步也。三台接武，即三台大官接踵而出之意。三台接武牌坊位于化源里儒学巷口临街处，为二柱一门木质结构，与巷口等宽，牌坊顶饰以琉璃瓦，在木斗拱之下的横匾上书有"三台接武"四个大字。牌坊两侧的砖墙上分别书有"宫墙万仞""儒音千秋"八个大字。

第四节　地　道

一、石子固地道

明朝末年，县城华源里人、明天启乙丑（1625）科进士、陕西按察司副使石凤台在县城开福寺东侧南城上石家院（石家院门上旧有"威镇海南"之匾）东房内向下挖地道，地道高1.6米，宽0.7～0.9米，距地面5～9米。地道北通清林沟，东南通至窑头村等地。今实验小学、开福寺饭店、工业局大楼、县社招待所后院、影剧院、二轻局、电信局、天王台、太岳烈士陵园、原街道小工厂、财政局北、县科委楼、人武部库房、档案局院、博物馆院、凤城粮站等建筑物下皆有地道。地道各段设有石门。地道内有水井、楼房、床铺、炉火等，全部用青砖拱圈。现该地道有多地段阻塞，同时因年代久远，雨水灌入，坍塌严重。

二、孙殿英部防空地道

1930年，阎（锡山）冯（玉祥）倒蒋失败后，孙殿英的五路军一部退驻阳城，逼迫民众挖防空洞，先后在老盐店（现副食日杂公司）、开福寺后院、城隍庙后院（现烈士陵园）挖有小型地道，地道内有休息室、灶房，皆用青砖拱圈，距地面6～10米。地道宽0.5～0.8米，高1.3～1.5米。这些地道成为日军攻占县城后的杀人场所。老盐店地道内遭日军屠杀的民众达330多人，城隍庙地道内被日军屠杀了200多人，开福寺后院地道被杀了100多人，小寺庙井内也有被杀者。

三、侵阳日军防空地道

1940年4月，日军第四次侵入县城并盘踞后，在东西南北城墙上都修有瞭望炮楼，并强逼民众挖了一些防空地道。地道涉及范围有：东城墙根、今档案馆院东房下和人武部、孔圣庙、原城关粮站、阳城小报社东房下等。地道高0.8米，宽1米，距地面5~9米。从其内考察，可以看到施工群众的反抗心理：一处挖至城墙青砖内，还有一处挖至距地面0.5米处，皆是为逃跑而准备的。

第五节　水　井

民国初年，县城有水井12眼，即开福寺井、西玉泉井、东玉泉井、清德井（西门里井）、十字井、后城上井、四节园井、保宁寺井、西当铺院井、南门泉井、仓后泉井、吴家后院井。其中以西玉泉、东玉泉最为有名。西关有西玉泉井，东关有东玉泉井，东、西玉泉皆为城内名泉。西玉泉又名粉泉、湛泉，始建于明崇祯八年，在清雍正、乾隆、道光、咸丰年间曾多次修缮，并留有碑文。泉水溢出，形成清池一泓，为西池这一县城古代园林提供了水源。

东关关帝庙钟、鼓二楼阁下各有窑洞一处，窑口朝大街，内各有古井一眼，与庙内另外三口井合称为"关帝五泉"。泉水沿街从地下流出，聚为一泉，名东玉泉。泉水终年满盈，给村民以浣衣、浇园之便。

第五章　天恩世泽

第一节　官宦府第

一、通济相府

位于通济里世科坊街东（即今天东关街中段保健站一带），是清雍正文华殿大学士兼吏部尚书田从典的府邸。

相府为清代建筑，砖木结构，坐北朝南，南北长40.64米，东西宽39.20米，占地面积1593平方米。该府共四院，总体呈田字形（俗称棋盘院）。四所院落均为三合院布局。临街大门上用立匾额正书"相府"二字，颜体，蓝底金字，典雅大方，无豪华装饰。

前两院为两层楼房，面宽三间，进深四椽，悬山顶，前檐置木构楼廊；堂房均为过厅，可通后院；门窗多为槅扇门、槅扇窗或槛窗。后两院正房两侧各有一座五节高楼，它打破了北方民居中间高、两侧低的传统，

通济相府进士院

东关鸿胪寺左侧田氏后人居住的老屋，俗称翠花苑

呈中间低、两侧高的双插花官帽形制，寓意官运亨通，也寓相府为五世一品之家之意。

前两院，为正院；院门匾额书"五世一品"蓝底金字，五世一品分别是从典曾祖田永嘉，祖父田三驱，父亲田雨时，从典本人，儿子、一品荫生、吏部左侍郎田懋；院内正房内原有皮质大箱一口，内置阁老官袍，日军侵阳时掠去。皇赐凤冠在清咸丰五年（1855）赵连城等人闹盐粮时被砸毁。院门外有上马石、拴马环。右为进士院，门额书"进士"二字，红色铁质。

通济相府的建筑特色为除进士院有南楼道外，其他房屋虽有南楼道却无南房，北房上下各三间，耳房各两间，东西房上下各三间半，两半间之中为大门，院门上为南楼道，院门外有较宽的过道。

二、司城第

位于小衙巷（今县蔬菜公司胡同）西侧，为明天启工部尚书白所知的府第，坐北朝南，一进六院。

临街第一排为厅房院，共有两个院落（今为县蔬菜公司营业楼）。

第二排为正院，正院门额书有"尚书第"三字，第二排西院门额为"解元第"三字，匾额背面书"司城第"三字（该匾额现存于白所知后人白友直家），现为县蔬菜公司办公楼。二排东院和三排后院尚存，已有部分失去原貌。

三、归庸斋

位于小衙巷（即蔬菜公司胡同）西侧，为清顺治刑部尚书白胤谦的府邸，门匾尚存。现院内建筑大多改建。白胤谦为明代进士，清初尚书。他于明崇祯癸未（1643）考中进士，清顺治年间官至刑部尚书，在审案中，因与皇帝意向不合，辞官归里，吟诗赋词，著述颇丰，年69岁而终，葬在水磨头（今水村县委党校后院）。

归庸斋门额

清顺治刑部尚书白胤谦府邸

四、司农府

位于县城东街化源里街北、文庙对面，即今原县人民武装部旧址、县科技局旧址处，是清顺治丙戌科进士、官至户部左侍郎田六善的府邸，俗称十三院，是一组较大的建筑群。

司农府院落形似九宫，呈四纵三横式排列。大门额上正书"司农府"三个大字，大门里照壁上原有司农府的总体布局石刻。百世书香院曾设有"东门里"私塾。1915年，府内又设立女子两级小学、女子师范班等。1946年，太岳行署部分机关迁住在司农府。

司农府的建筑风格别具特色，它的所有房屋都不建南房。院落皆为两层楼房，各院之间，院院相通，院落因地势所限而略有不同。在其四纵三横中，一纵和二纵之间的胡同名为"田家巷"，巷口题额有"京兆"二字；大门内第一院为都宪第，俗称"察院"，其正房称为"七间厅"。

1915年，在府内设立了阳城县官立女子两级小学校，1919年又在此设立女子师范班。1959年司农府被拆除。

五、石总兵府

位于龙门巷南端东侧城垣内，为清康熙丙午科（1666）武举人、北楼营参将、正三品武官石子固的府第，人称石总兵府。石子固之父石凤台为明天启乙丑（1625）科进士，官至陕西按察司副使。

石总兵府呈东西走向，平行三院，房屋坐北朝南，彼此独立，自东向西依次为总兵府、进士第、戏台院。其中进士第门楼高大威武，门两侧装饰有石鼓和石狮，门上有上下两块匾额，上匾书"进士"二字，下匾书"威镇南海"四字。进士第院南设有马房院。进士第院内东房有地道口通往城外，该地道为县城第一条地道，由石子固组织开挖。

六、化源里张府

位于龙门巷东侧，是清乾隆戊子科举人、直隶清丰知县、传奇作家张锦和清乾隆己亥科举人、甘肃宁夏花马池参将、正三品武官张铦兄弟的府第。张家兄弟一文一武，颇具传奇色彩。特别是张锦，品洁，才

石总兵府抱鼓石

高，直爽，爱民，不仅是知县，还是清乾隆时期重要的传奇作家，是清代戏剧传奇作品的奠基者之一。张锦生于乾隆十年（1745）九月九日（菊节），故自号"菊知山人"，一生爱菊颂菊，作有《菊花吟》（今藏于山西图书馆）百篇。他学富才高，创作颇丰，诗词赋除《菊花吟》外，还有《雁字诗》、《梅花诗》、《回文赋》、《塞外词》，戏剧计有《新琵琶》（今藏于大连图书馆）、《新西厢》（今藏于国家图书馆）、《桃月源》、《鹊桥仙》，另有别集《蜃楼集》、《菊知著述》（今藏于国家图书馆）。张锦少年时仰慕明成化天下第一清官、乡贤杨继宗，听到关于他的廉洁故事，"齿颊皆香"。乾隆三十三年，张锦考中举人，但直至乾隆四十六年（1781）才到直隶清河县赴任，后调清丰。在阳城期间，张锦主动向知县宋本敬请求减轻群众负担，乡亲感其德，在其门上悬挂了"骨肉乡间"的匾额。任清河、清丰知县期间，更是受到百姓的交口称赞，同治《清丰县志·循良》盛赞其"待士庶如家人父子"，张锦亦曾以《公馀漫笔》自咏其为官思想：

> 素志常期效古人，为官何必讳言贫。
> 从今百里惟吾命，宁负儿孙不负民。

胸怀"宁负儿孙不负民"的抱负，乾隆五十年（1785），他因为清丰百姓请命而得罪了上级，被谪戍至伊江（今新疆伊犁），直到嘉庆元年（1796）春新皇帝即位后颁诏大赦天下，已流放十一年的张锦终得于次年春归乡。回到阳城，在县城龙门巷临街东侧建有花园，并在大院和花园广植名菊，日常以菊花、诗词、戏曲自娱，度过了充实而又闲适的晚年。尤其对戏曲创作情有独钟，《新西厢》、《新琵琶》奠定了他在清代文化史上的独特地位。

七、御史王府

位于龙门巷西侧，共三院。其中一院门额书有"瑞植三槐"四字，

御史王府

另一院门额为"荣封三代"。在龙门巷口立有双斗旗杆。清代，王氏一门双进士、双翰林、双御史，被传为佳话。王家父子三人，皆以博学、至孝、高洁而闻名梓里。父王瑶台，乾隆乙卯（1795）进士，入翰林，曾任武英殿国史馆纂修、湖广道监察御史；其子王遹昭，清道光丙申（1836）进士，入翰林，曾任山东道监察御史。少子王遹徽，七岁能诗，由拔贡分发河南直隶州州判，嗜吟咏，著有《荗汸诗集》，曾主讲于仰山书院。父子三人都是大孝子。王瑶台将父母接至京城侍奉。皇上赐宴，他总要带回一些好吃的让父母吃。其母亲去世后，哀痛不已，因此一病不起，不久逝世。王遹昭的母亲逝世后，他因流泪过度而损伤了眼睛，落下终身残疾。王遹徽在母亲生病后，放弃了官位，回家精心侍奉，留下美谈。

今县文物博物馆所藏清代《阳城旧城图》，为王氏后人所献。

八、方伯府

位于今外贸公司大礼堂背后，为明万历丙戌（1586）科进士、官至陕西按察使（正三品）加布政使俸的田立家的府邸（方伯一词在古代是指一方诸侯之长，后世用以泛称地方长官，明、清用为布政使的尊称）。该府建筑为下窑上楼，是典型的明代建筑风格。今已不存。

九、司徒太守府

位于通济里城后坊行后巷（即今东关行后巷一号院），是江南松江府同知田浥的府邸。

司徒太守府

该府为清代建筑，坐北朝南，一进式院落，三合院布局，东西长14.15米，南北宽12.4米，占地面积176平方米。临巷开大门，门内有过道，过道向里左侧建有牌楼式二门一座，单檐悬山顶，檐下施七踩斗拱四攒，六铺作。枋间额板上层内外皆书有"司徒太守"四字，方形夹杆石上遍刻雕花，其上有小石狮左右各一对，夹杆石内侧再置门枕狮左右各一。二门内侧左右各建砖雕影壁，仿木构砖雕。院内西房为主房，并建有左右耳房，南、北房均面阔三间，进深四椽，硬山顶，无楼廊，底层明间施板门，次间为槅窗，二层仅明间设槅扇窗。北房原系厅房。

十、通济刘府

位于东关村行后巷29号，为清雍正甲辰（1724）科举人刘照青的府第。该府为清代建筑，坐西朝东，两进院落，均为两层建筑，南北长22.47米，东西宽12.7米，占地面积285平方米。中轴线上建有前院南房、二门、后院北房（为主房），两侧为大门、前后院东西厢房、耳房。大门居前院东南，朝东开设，门额书有"亚魁"二字。前院南房、东西厢房均为两层楼房；南房面宽三间，进深四椽，顶覆灰板瓦，前檐置木构楼廊，底上两层明间均施六抹槅扇门，次间为槅扇窗，有花鸟雕刻并有福禄寿图案。东西厢房面宽两间，前院北面开设两门，二层结构，底层为敞廊，上建阁楼。东内房门额上书"芝兰室"三字。底层明间置额匾，上书"文魁"二字。后院北房建筑形制同前院南房，底层花梁有清咸丰十七年（1857）的重修题记。民国年间，阳城县武委会机关曾在此院驻扎。

十一、将军府

位于东关村行后巷9号，为明嘉靖年间卫指挥金事（正四品武官）担任陕西延绥游击将军的陈思伊的故居。陈思伊少通兵法，常习武事，器度恢宏，乐义好施，曾帮助训练乡勇，保境安民。他还是一个高寿之人，里人曾赠给他一幅书有"五世一堂"的匾额。

将军府

将军府门额

该府坐北朝南，前后两进院落。南北长33.05米，东西宽19.54米，占地面积约646平方米。

大门居院落正南，原为木质牌楼门，日军侵阳时炸被毁。府门外墙上有麒麟图案，门口有十二只石狮子，"文化大革命"时被毁坏。大门内有青石雕刻的石鼓一对。进院左侧是花园，绿树成荫，花鸟成趣。花园向内走是后院，青石门匾有清康熙年间题"将军府"，下行书"明朝陕西延绥游击将军陈思伊"。前院早年毁于战火。后院为三合院布局，现仅存北房及西北耳房。北房为两层砖木结构楼房，石砌浅台基，面宽三间，进深四椽，悬山顶。北房左右耳房均为三层砖楼，北面三座房屋因此形成中间低、两边高的形式，俗称双插花院。西耳房尚存，东耳房毁于战火后依旧基重建。东北角建有五层护院楼。东西厢房均毁于战火，西厢房依旧址重建。20世纪40年代后期，陈赓及夫人傅涯、韩钧及夫人张光、周希汉及夫人周施等均曾在将军府及其附近居住。1946~1949年，这里曾是太岳行政干部学校的校址。

十二、鸿胪寺院

位于东关村行后巷8号，是田徽典（田从典之兄）后人鸿胪寺序班田于都的宅院。

鸿胪寺院

该院为清代建筑，坐北朝南，由主院和书房院组成。东西长30.90米，南北宽30.75米，占地面积约950平方米。

主院为前后两进院落，中轴线上建有前院南房、二门、过厅、北房，两侧有大门、前院东西厢房、后院院门、后院东西厢房、东北耳房、西北耳房。其中，前院为单层建筑，下建一米高的青石台基，面宽三间，进深四椽，悬山顶，顶覆灰板瓦，五檩无廊式构架，前面明间施槅扇门，次间为槅扇窗。后院北房也是面宽三间，进深四椽，悬山顶，顶铺板瓦，前檐置木构楼廊，底上两层明间均施槅扇门，次间为槅扇窗。

在主院之西南有书房院，坐北朝南，三合院布局。院门设在院落的西南，朝南开设，大门内东西向过道北侧建牌楼式二门，枋间额板内外皆书"君恩祖德"，单檐悬山顶，方形夹杆石上雕刻有精美花饰。院内北房已做过改建，东西厢房仍为旧有模式。

十三、白铎院（白家祠堂）

位于乡贤巷内，为明天启工部尚书白所知之父白铎的宅院。该院共有两进院落，临街为前院，后院与前院之间有一胡同相连。后院门高5米，门额书"孝悌力田"四字。后院较为开阔，正房为两层建筑，宽畅明亮。两院原貌尚存。与后院相对的乡贤巷东建有白家祠堂（即今县工艺美术厂所在位置），今已不存。

第二节 士绅大院

一、杨家院

位于今水道眼胡同，为杨继宗后人所居之院，一进两院。院门外置有上马石。大院北房为窑洞，共五眼，窑上有楼房，为木石结构，杨继宗为明天顺丁丑（1457）进士，官至都察院右佥都御史，为明成化"天下四大清官"之一。大院东房、西房、南房均为木石结构，西北角楼梯下有暗窑两孔。

阳城乔氏琉璃工艺产品

东关宫坊巷石匾

二、通济石家院

位于东关村甘泉巷11号。坐北朝南，一进院落，原为东关琉璃世家乔家的宅院（俗称"乔半间"）之一，后变卖给了开当铺发迹的石家，故改称石家院。该院为清代建筑，坐北朝南，一进院落，四合院布局，南北长20.55米，东西宽19.25米，占地面积396平方米。大门居院落正西，门外建有砖砌照壁一座，门额书"心远地偏"四字，门洞占据西房底层正中一间，门内设屏门。院内四面房屋均为两层楼房。北房面宽三间，进深四椽，硬山顶，顶铺灰板瓦，前檐置木构楼廊，底上两层明间均施槅扇门，次间为槅扇窗。四面楼廊房屋相互连通。

三、宫坊乔府

位于通济里世科坊通济桥东宫坊巷内。宫坊巷的门额上书"敕赠内翰林弘文院检讨加一级文林郎乔彬"。出过两位进士，即乔楠和乔映伍。乔楠，为乔彬之堂弟，清顺治己亥（1659）科进士，任四川武隆县知县。乔映伍，为乔彬之子，清顺治丙戌（1646）进士，官至左春坊左赞善，是阳城"十凤齐鸣"中的人物之一。

元明以来，山西就是琉璃制品（俗称绿货）的主产地，而阳城琉璃生产又以历史悠久、技艺精湛位居三晋之首。阳城琉璃生产在明清两代为乔氏家族所独营。乔家以经营琉璃致富。乔氏家族自宋时从高平迁居而来，其祖先早在来阳之前就已掌握了琉璃生产技术，迁居阳城后，在东关牛盘沟（今窑畔沟）从事琉璃生产。清代雍正年间迁至后则腰村。

阳城乔氏，是中国历史上重要的琉璃世家之一，民间有"南有景德镇，北有后则腰"的说法。乔氏琉璃，早在北魏年间，即已发轫。到明代，阳城乔氏同介休的侯氏、河津的吕氏、太原南郊马庄的苏氏更是成了山西四大琉璃世家。在山西众多门派的琉璃匠师中，阳城乔姓是其中人数最多、延续时间最长的一支。

乔氏琉璃工艺在明代已发展到高峰。从明正统年间开始，一直到清顺治、康熙、乾隆、嘉庆年间，传承关系明确，班辈系列清晰。著名的工匠有明成化年间的乔云、乔彬（与清康熙年间的乔彬为不同的两个人）、乔凤；嘉靖至隆庆年间的乔继宗、乔世富、乔世贵、乔永丰；万历年间的乔虎、乔世英、乔世宝、乔世兰、乔世香、乔永丰、乔永年、乔永宦、乔永宽、乔长远、乔长正、乔良才等。乔氏家族琉璃制品，远销全国各地，北京故宫的琉璃狮子和十三陵殿堂的顶脊上，均有其制品。

1986年在县城天门头出土的绿釉陶枕头、影剧院工地出土的仙人、开福寺献殿的兽套等，经考证确认为宋金至明早期乔氏家族生产的琉璃制品。

明代中叶，乔氏琉璃制品品种繁多，主要为建筑物构件，种类有砖类、瓦类（勾头、滴水、筒瓦、板瓦、挡沟瓦、元宝瓦、折腰瓦）、脊类（正脊、垂脊、戗脊、脊刹）、兽类（吻兽、垂兽、戗兽、套兽）、仙人类（上座仙人、脊前仙人、角神、牵神）、色条等，规格型号有一至九样（号）不等。

明成化十九年（1483），乔云及其子乔彬、乔凤为城内汤帝庙烧造了鸱吻，形象为蟠龙和腾龙，威武逼真。嘉靖四十四年（1565）白巷里李思孝出资修建的海会寺塔琉璃构件，均为乔家所造。明中晚期，乔氏琉璃工艺达到高峰。明隆庆元年（1567），乔世富和其侄子烧造的润城东岳庙琉璃构件，为此时的代表作。再如明万历元年（1573），乔世虎等为县城东关关帝庙建造的琉璃照壁，堪称杰作。明万历三十六年（1608），乔永丰和其子乔长远、乔长正为阳陵寿圣寺建造的琉璃塔，为三晋境内琉璃构件最多的佛塔，塔壁有琉璃碑，上有小诗一首：

琉璃宝塔创阳陵，天赐乔公来赞成。

白手涂形由慧性，红炉点色似天生。

神谋不爽魁三晋，巧制无双冠析城。

巨业落成垂千古，君名高与碧云邻。

明末清初，战火频仍，乔氏琉璃衰败。至清康熙年间，乔氏琉璃始又重新恢复发展。清代乔家著名琉璃工匠主要有乾隆年间的乔畛、乔乐善、乔从善、乔德善，嘉庆年间的乔昌泰、乔和泰，同治年间的乔毓秀，光绪年间的乔崇古、乔义之、乔理之、乔信之等。

清代乔家琉璃制品数量可观、品类繁多，除建筑构件外，境内琉璃墓葬品也多为乔家制作。

辛亥革命后，寺庙建造基本停止，琉璃生产冷落。这一时期主要工匠有乔承先（本书后有介绍）、乔继章等。

新中国成立前琉璃产品一度停烧。20世纪五六十年代，在北京故宫修缮时，人们发现上面的琉璃制品上记有"山西泽州""阳城琉璃匠乔"等字样。2006年，"山西传统琉璃制作技艺"被公布为第一批省级非物质文化遗产。2008年6月15日，又被国务院公布为第二批国家级非物质文化遗产。"山西传统琉璃制作技艺"的主要申报、保护地区为阳城县、太原市、河津市、介休市。

第六章　遍地繁华

第一节　商贸总述

　　清朝末年至民国初年，县城市面经营着三四十种行业，有店、铺、庄、号、楼、堂、馆、坊达百余家。

　　钱铺有兴泰隆、大有亨、泰盛诚、发盛和、天顺永、福顺永、同泰永、同顺、恒丰利、天成记、时利和、福记、裕顺天、天成荣、裕源等。

　　银楼有玉和楼、育华楼、还兴楼、元兴楼、天福楼、世兴楼等。

　　药铺有广元堂、福元堂、益寿堂、育生堂、保和堂、万生堂、同春堂、三义堂、天顺堂、寿世堂、义生堂、博济药房、师竹山房、天德纯、恒心堂等。

　　饭馆有永茂饭庄、鸿纪饭庄、鸿魁馆、路喜馆、小青馆等。

　　估衣店有统发号、泰顺号、义顺号、同顺天德记、东顺昌、亿盛东等。

　　布店有东晋福，义兴合、德盛昌、襄义亨、兴盛合、义兴茂、裕兴顺、玉盛合、德星聚、兴泰厚、瑞聚厚、泰盛诚、和聚东、信义昌、义生祥、泰诚德、和顺成、隆兴合、宝德隆、裕丰厚、万和欲、义顺成、福记等。

　　杂货铺有瑞泰源、裕顺祥、祥顺源、利丰号、涌兴德、荣兴东、庆泰祥、发骏东、增盛永、保太和、柬顺隆、存诚长、福盛东、祥顺德、永兴东、德顺天、协盛德、协顺德、忻盛东、兴泰公等。

　　盐店有裕顺昌等。

　　当铺有裕通典、义顺、协成典、东当铺等。

　　烟房有同顺天元记、永吉源、魁盛义、义兴永。

　　书店、文具店有乐天居、日新书社、锦章笔墨店。

　　帽铺有祥盛昌、祥盛长、万顺魁、光华茂。

　　炮行有万盛魁、东兴和。

　　烛铺有万积永、春兴和。

　　油坊有玉盛合、积顺永。

　　戏衣店有洪顺忠、洪盛忠。

　　肉架有福盛架、福顺架。

茶庄有乾盛和、晋丰永。

旅店有东关的圣庙东店（现大门仍在）、圣庙西店、康盛店、安福店，西关的章隆店、马随店，南关的河口店、吴记店。

澡堂有后城上澡堂、西门里澡堂、庙西澡堂、朱家巷澡堂。

理发馆有南门坡乌嘴铺、八字牌楼底虎成铺。

另外，还有阳城县银号、新华蛋厂、光华蛋厂、工艺厂、蚕丝厂、手挽厂、天顺玉鞋店、贾发云鞋店、西街王九瑞面铺、衙门口羊汤馆、老郭蒸食铺、老范缝纫铺、老栗裁缝铺、曹心田煎饼铺、成小煎饼铺、纸扎铺、丁忠临的皮革铺、成记木板店、挂面铺、成衣局、打袜铺、古董铺、小补蔬菜铺、小广蔬菜铺、天乙蔬菜铺，以及东关、南关、西关每月轮换的粮食集市等。1938年2月，日军侵阳，上述店面大多关闭。

第二节　商铺简介

一、瑞泰源商号

为清末民初县城第一大商号。系由怀古里段氏经营，即由清顺治丙戌（1646）进士，官至江南沭阳知县，阳城十凤齐鸣中的人物之一的段上彩的家族经营。段上彩任沭阳知县期间，适逢明末农民起义军突袭该县，上彩被捉后，毫不屈服，用拳头击打义军将领，因之被杀。朝廷为此赐封段家可以一人荫袭思骑尉，且四代承袭。段家不仅名声显赫，而且经营有道，至民国初段鸿瑞时期，瑞泰源除在县城西街设有总号外，还在县城丁字街、凤台县城、周村、河南济源等地设有多处分号，兼营杂货批发业务，经营项目有丝绸、布匹、鞭炮、杂货等日用品，从业者达数百人。除此之外，还办有缫丝业，安装了48张打丝框，在产茧季节收茧缫丝。总号亦办有兴瑞戏班，并在丁字街北的屯城郑家所建的"宣忠保节"木牌坊附近开有戏衣铺，兼营鞭炮。1919年，窃贼入戏衣铺行窃，意外引燃鞭炮，使该店化为灰烬，周边商铺也随之遭灾，木牌坊也被焚毁。此后，瑞泰源商号逐步衰败。

二、太兴隆商号

位于东关，除经营日杂用品外，还收购火石，发往外地。

三、慎源商号

居古城东街，为较大的日杂用品商号之一。

四、裕顺昌盐号

裕顺昌德记盐号旧址位于县城西街司上巷以东、人人家商场西侧。20世纪30年代以前，一直由城内富贾朱氏家族垄断经营，人称朱老六盐店或盐店。老城内设有总盐店，经营批发、零售业务，境内一些较大乡镇（如东冶、董峰等镇）开有分店。

明清时期食盐垄断经营，当时的食盐运输方式除人力担挑外，骆驼是主要的运输工具。城内盐店占地面积较大，内有库房、营业大厅、办公场所及店员住所等。营业厅内设有高柜台，柜员一般为四至五人。

店主每年正月十五元宵节都要在院内造一尊"利市王"泥塑像，在其空腹内装以煤炭，点燃，使之七窍冒火，并挂上各种大灯笼，上书灯谜，引来无数游客，场面十分壮观。

清咸丰五年（1855），阳城暴发了"闹盐粮"起义，裕顺昌盐号被义军砸毁，暂停营业，后又恢复。20世纪30年代，山西省政府要员贾某将阳城、沁水两县的盐店接管经营，并将盐店改名为裕顺昌德记盐号，还在东西南北四区设有分号。1938年2月，日军侵阳时盐店倒闭。

第三节 药 铺

一、义生堂药铺

位于古城西街城隍庙西侧（今太岳烈士陵园西侧），建于民国初年。义生堂有两间铺面，前院为诊所，后院数间房子为住处兼代药房。这一时期，县城药铺多为私人开设，并治病兼售药。而义生堂却是由几家合股集资开设的药铺，中医卢日昆担任药铺掌柜，并坐堂行医，同时兼营中草药收购、加工及销售。

卢日昆，卫家窊（今属凤城镇）人。青年时家贫，在王坪教书时结识了一位李姓老中医。李很赏识他，遂将家传中医秘方传之。自此，卢边教书边钻研医学经典。在李先生指导下，他医术渐进，尤其在伤寒、妇科病症的诊断和治疗上颇有建树，声名远播。卢在而立之年进入县城一家较大的商行"东晋福"坐堂行医。1912年，卢与河南博爱的王远光、晋南河津的解德生等合股，开设义生堂药铺。1919年，药铺搬迁至古城水道巷西侧（今周家院背后），从业人员有会计元中升和学徒伙计卢中浮、张庭富、王光远等7人，主营为行医兼中草药批发、零售，又因流动资金不属于个人所有，故名义生堂。

义生堂因医术精湛和服务良好赢得了顾客，其业务延伸至曲沃、翼城和河南省盂县等地，后又扩展至武汉、天津、上海和广州等地。

义生堂除中草药外，还经营少量中成药，多系自制，如天王补心丹、六味地黄丸、藿香正气丸等。同时还购进本地药材，大多销往外省。

1938年2月，日本侵略军用飞机轰炸县城，义生堂不得不搬迁至水村、卫家窊等地。日军投降后，卢再次带儿子中浮、中瑞及其女婿元中升，并同大小十二家股东在县城西关粉泉巷重新开张，取名为义生堂昶记。元中升任经理，卢中瑞坐堂行医。几经周折后，又搬迁回水道巷。

1945年，药铺收归国有。1948年，卢中浮因伤寒早逝。1951年，卢日昆病逝。

公私合营后，义生堂成为阳城城关供销社医药门市部。1956年，其全部人员及财产划归县药材公司。

二、万生堂药铺

位于古城东街，由梁万生开设。

三、寿世堂药铺

位于南关，由许凤麟开办。许凤麟为民国年间的阳城名医，惯用时方，医术高超，疗效奇验。

四、广元堂药铺

位于南关，由河南省济源人开办。规模较大，有房屋十多间，以卖珍稀药品闻名，并在横河、桑林等地收购药材，加工制作后出售。

五、天德纯药铺

位于南关，由白玉麟、白玉恒、白玉铭先后开办。有天德纯仁记药铺、天德纯昶记药铺和天德纯成记药铺等三处铺面。

六、天顺堂药铺

位于古城西街，由张培成（1880—1958）开办。张系尹庄人，为民国年间的阳城名医，各科皆精，更以妇科见长，对胎前产后病、月经病、白带病等各种妇科病诊治有经验。他常于药铺坐诊，求医者甚众。1920年起，先后在县城义生堂药铺和天顺堂药铺坐堂行医。1945年4月，阳城解放后，"广华医院"在城内设立了"广华医院阳城分社"，他应邀到该分社行医。1950年12月，张培承被县政府评选为全县十大名医之一。

第四节　钱庄当铺

一、钱庄

明清，阳城称钱庄为钱铺。钱铺主要从事银钱货币兑换业务。其方法是用银两购进铜钱，除收银两兑出铜钱外，还囤积铜钱，做钱盘生意，同时还为商户保管铜钱。大约在乾隆年间，开始签发钱帖（民间称之为"钱票"），凭帖取钱，减少了客户清点搬运铜钱的麻烦。

（一）天城永钱铺

位于现蔬菜公司，股东李小本，乾隆年间设立，民国初年倒闭。

（二）时利和钱铺

位于现烈士陵园，股东王振根，光绪年间设立，民国初年倒闭。

（三）大有亨钱铺

位于现百货公司二楼，股东卫嘉庸，民国初年设立，民国五年倒闭。

（四）福顺永钱铺

位于现东街郭根柱院，股东武元，设立年不详，民国十二年倒闭。

（五）天城记钱铺

位于现工商局旧址，股东张彤廷，掌柜谭某，民国七年设立，职员6人，民国二十七年关停。

（六）福记钱铺

位于现熟肉门市部，股东卫沧海，民国二十五年开，民国二十七年被土匪抢光。

（七）泰盛诚钱铺

位于现水利局，股东张维修，掌柜杨小道，光绪二十三年开，职工6人，民国二十七年关闭

（八）裕源钱铺

位于现副食品公司，股东朱炜，掌柜岳庆先，民国十三年开，民国二十七年倒闭。

（九）恒丰利钱铺

位于现人民商场，股东谭庆浦，民国十七年开，民国二十七年关闭。

（十）兴泰隆钱铺

兴泰隆钱铺位于东关村，即今东关街82号院。店面坐东朝西，建筑面积55平方米。清末，由晋城卫氏在此开办。店面房为两层楼房，面宽三间，进深四椽，悬山顶，底层明次间均施板门，二层每间各开方窗。店面房后侧紧靠后墙建有单坡面房屋一栋，外观为单层，内部设置有

暗楼。至民国初，该钱铺主营清朝制钱兑民国铜钱业务。日军侵阳时停业，店铺废弃。

二、当铺

（一）义顺当铺

位于现南门坡，股东张义顺，咸丰年间成立，民国十年因抽大烟衰败。

（二）东当铺

位于现东街电影院，股东周村郭某，设立年不详，民国五年倒闭。

（三）裕通典当铺

位于现西街影剧院临街处，股东樊次枫、温茂林，民国七年设立，职员20人，1939年被日军抢光。

（四）协成典当铺

位于现城内东街，股东王其一，民国二十五年开业，二十八年停业。

第五节　饭店客栈

一、璩家永茂饭店

建于清代，位于东门里路南。璩家永茂饭馆是清末明初县城最大的饭馆。该馆创设于清朝同治年间。同治九年（1870），璩永茂与大哥永福、三弟永禄，随其母亲、姑母从襄垣璩家寨逃荒南下，其母中途饿死，姑母带着他们三人，沿途讨饭至阳城。为立足和生存，其姑母托人介绍永茂到蒸馍铺当了学徒。永茂学成后，便在东街崇德巷口临街铺面，开了一个蒸馍铺。永茂兄弟所做的点心、枣花、碱面卷等，面白，酵水好，还兼营花馍、烧饼及月饼，并承揽年糕、喜糕、小饭、寿桃、老圪圈等。不久，璩家家境殷实，便买下文庙巷西的三间铺面及其后院，并将蒸馍铺扩建为璩永茂饭馆（俗称璩馆里）。

随之，永茂又买下铺后没落的史家和贾家三院，后又将文庙巷和崇德巷（原名贾圪衕）之间所有铺面买下，改贾圪衕为璩家圪衕。饭馆经营的饭食质优、味美、量大，薄利多销。

民国初，其掌柜为璩崇鼎，名厨师为县城上川人张小生，烹饪技术较高，菜肴制作有一定规程，从业人员10人。各商号或士绅常来此订酒席。1938年，日机轰炸阳城，永茂饭馆被迫倒闭。

二、八福客栈（六福客栈）

位于今东关明月小区，由英国基督教传教士珍妮·罗森（女，Jeannie Lawson）和格拉蒂丝·艾伟德（女，1902—1970）等人创办。其旁边城后巷的耶稣堂尚存，为一传统四合院，乃是珍妮和艾伟德当年生活和传教的场所。格拉蒂丝·艾伟德1902年2月24日出生于伦敦北郊的艾德蒙登（Edmonton）。27岁时，始信仰基督，并决心到中国传教。但因她没有神学院学历背景、没有大学文凭，而被中国基督教内地教会拒绝。1930年，她听说在中国阳城传教的珍妮·罗森因年老申请退休但又无人来接替她的工作时，遂写信给珍妮，表示自己愿意接替她。珍妮很快回信，告诉了她行进路线。当年10月，艾伟德带着她的全部积蓄，从荷兰海牙乘船，几经辗转，来到阳城，在东关城后巷教堂开始了传教生涯，并在县长张书榜的支持下，担任缠足查脚员（稽查员），开展妇女"解放天足"活动。为筹措传教经费，她与先前到来的珍妮一起创办了"八福客栈"（"八福"源自《圣经》里耶稣的"登山宝训"）。珍妮逝世后，她独自支撑客栈，一方面为传教筹措经费，一方面收养孤儿难民。日军侵入阳城后，1940年3月她带领83名孤儿（大者十余岁，小的4岁），穿越中条山，过黄河，徒步在崇山峻岭间行进，历时近20天，行程480千米，克服重重困难，终于把孤儿们送到了当时的大后方西安附近的扶风县。1941年7月15日，艾伟德加入中国国籍。1949年，她回到英国，先是被伦敦当地的一家报社采访报道，后又接受英国广播电台记者的采访，并因此在全国产生巨大影响。之后，根据采访录音，与莱瑟姆（R.O.Latham）合作，写成自传《坚不可摧的

六福客栈后墙遗址

人：格拉蒂丝·艾伟德》（1950年版，先后再版17次），主要写她在阳城的经历。1957年，英国广播电台（BBC）节目编制人艾伦·伯格斯（Alan Burgess）再次对她进行采访，根据她的经历写成了传记《小妇人》（*The Small Woman*）。1958年，这个故事被美国二十世纪福克斯电影公司（20th Century Fox）改编为电影《六福客栈》（*The Inn of the Sixth Happiness*），由奥斯卡最佳女演员奖获得者英格丽·褒曼（Ingrid Bergman）主演，在欧美引起巨大轰动。该电影被评为第十六届美国电影金球奖，而艾伟德也被美国《时代周刊》誉为"影响美国人看待中国抗日战争的重要人物之一"。

她一直想重返中国大陆，但因政治原因未能实现。1957年，她到了台湾，成立"艾伟德孤儿院"。1970年1月2日，艾伟德病逝，按照她的遗嘱，她被安葬在台北淡水镇关渡基督书院的校园内。她的头朝向遥远的中国大陆，朝向阳城。蒋介石为其题写"弘道遗爱"墓碑。

艾伟德的事迹影响了欧美一代人。进入21世纪，许多海外友人纷纷到阳城寻找"六福客栈"（因其闻名世界，已代替了"八福客栈"）历史遗迹。2000年9月，英国大卫夫妇通过郑州教会来到阳城，参观了"八福客栈"的原址；2002年，从四川来的两位外国人到栅村实地寻访了当年被格拉蒂丝·艾伟德送到西安的一名孤儿；2004年10月16日至17日，英、美一行14人，由郑州外国语学院教授李占友带领来到阳城，参观了"八福客栈"的原址；2005年，在山东交通大学任教的查尔斯博士在阳城考察了"八福客栈"遗址，并将所拍摄的音像和搜集的资料整理成书，在美国出版发行；2007年，又有两名英国人到访，他们留下了英文版《艾伟德的一生》一书。

艾伟德生活和传教的耶稣堂

艾伟德进出六福客栈的通道

第六节 古城小吃

一、水村饴糖

明清，水村饴糖誉满华北。每逢农历腊月二十三（民俗为"祭灶"节令）前，山东、河南、安徽、陕西等地的商贩们都要成群结队地来到阳城县水村批发灶糖（糖瓜、板糖等都是"祭灶"用品）。民国时期，河南的济源、孟县，陕西的延安，山西的浮山、长治、垣曲、洪洞、晋城等地，不时有人长途跋涉，慕名到水村从师学习制糖技术。20世纪50年代，李仁、赵金山曾被请到福建传艺；60年代，又被请到北京、西安、云南个旧传艺。从此饴糖制作技术传遍全国。

水村饴糖常年生产，一年四季生产的品种不同。每年农历十月开始以生产芝麻糖、棍棍糖、裕谷糖及灌糖为主；农历腊月十五后至腊月二十三前以生产糖瓜、板糖为主，储备应节货源，迎接"祭灶"节前销售旺季的到来；春节过后至阳春三月，则停止了芝麻糖、棍棍糖之类品种的生产，转为以前切糖为主；农历七八月间，则以制糖稀为主。一年四季，周而复始。

1937年，80%的水村村民掌握了制糖技艺。当时，全村共有制糖小作坊计30余座，安有熬糖大锅50多口。因糖的制作及销售环节用人较多，故多为数户合伙经营。走进水村，一街两巷制糖作坊星罗棋布，到处都是浓郁的糖香味。1940年，日军盘踞县城后，制糖作坊大多停业。20世纪50年代后，饴糖生产由合作社经营，水村糖业由村集体组织劳力，统一经营，以制糖烯为主，作为当时副食品加工厂腌醋、沤酱和制作糖果、月饼的主要原料。1975年，村集体制糖业停办。1981年，卫改善、赵小云、陈广应、石小仓等4户村民重新开办了糖坊。

手工制糖所需的器具有大铁锅一口（直径1~1.2米，深0.4米）、七担陶缸1口、一担陶缸1口、圪节锅2口和大铁马勺1个、陶制老盆1个和菜刀1把以及石磨、石碾各1台。

水村饴糖

　　水村饴糖制作原料主要是玉米，兼用小米、小麦。制作时，用玉米发芽加玉米圪糁先熬成糖稀，再熬成饧，最后拔糖、加工成饴糖。糖稀、糖饧全年均可做，供酿醋、糕点等用。饴糖生产期主要集中在秋季至春节前。制作饴糖的水要求质量好，出糖率高。水村村中小桥附近当年有一口井，水质较好，水量充足，制作饴糖都用此水。

　　水村制糖专业人才辈出。北璋的田保水，其曾祖父、祖父、父亲及其儿子、孙子都善用米、麦芽制糖。其长子田小元曾去翼城开糖坊，生意兴隆，技术传至晋南。还有陈月兴、陈垣、郭德水、郭保全、王小荣、卫双喜、赵有水等都是制糖高手。他们制作的主要有芝麻糖、芝麻灌糖、棍糖、板糖、糖稀、裕谷糖、糖瓜、切糖、芝麻片糖等。每年冬天，来自晋城、河南、陕西等地的客商，成批地将水村饴糖运走。

二、面塑工艺食品

　　阳城县城境内面塑主要有蒸面塑、焙面塑和炸面塑三种。蒸面塑的代表作有年糕和喜糕；焙面塑是用鏊子烙成，代表作有"焙面娃娃"；炸面塑是用油炸的面塑，代表作有蜜牌楼、小食。此三种面塑，以蒸面塑流传最广，炸面塑次之，焙面塑最少。

（一）蒸面塑

蒸面塑往往用于节日祭祀和民俗礼仪活动，其中以年节所做蒸面塑为最多。

年糕　年糕是农历春节专用品，它用小麦面粉做成。按其大小，年糕可分为大年糕、一般年糕和小年糕。大的用面6千克左右，高约1米；一般的用面1.5～2.5千克，高约0.45米；小的用面0.5～1千克，高约0.33米。按其结构，年糕可分为三层年糕和五层年糕。三层年糕，制作时先取五分之四面，分为三块糅合，并捏成半球状面坨；然后再用四个小面团捏成4块云朵组坨，云朵中间卷个红枣。蒸熟后，略凉，用竹筷子从坨中间从上到下插住叠加起来，在坨与坨之间夹一个四个枣的云朵组坨，再在坨与坨之间周边垫四个红枣，以求稳固和美观。五层年糕是三个半球状面坨，中间夹两个枣花云朵坨。年糕制作上最讲究的是糕顶，糕顶随所敬神的不同有多样制作方法。县城周边是枣花牌糕顶。此外，境内素有农历七月十五"蒸娃娃"的习俗，大的长30多厘米，小点的长20多厘米，皆形体肥胖，臂抱谷麦穗，用来祭五谷神，祈求五谷丰登。

喜糕　结婚时，男女双方各蒸制石榴糕一个，大的用面6千克左右，小的用面3千克左右。这种糕与制作年糕一样，上插面石榴九个，以石榴籽多寓子多。东乡的喜糕叫蒸饼，用硬面捏一个大圆坨，一般上面叠插面石榴九个，中间插松针。女方陪嫁的箱柜内要放压箱馍，压箱馍一般捏成海棠、蝴蝶、莲花、如意、鱼、鸟、桃、石榴等形状。结婚前送礼，女方要送男方"伏"（也叫"小饭"），即面蒸制的蛤蟆驮兔、对对鱼、双头鱼、双石榴、双蝴蝶、对手佛、并蒂莲、老鼠偷葡萄、凤戏牡丹等各样动物、花卉食品，一般是十二对。婴儿百日去姥姥家，回去时姥姥要给外孙蒸制串圪圙（形似圆盘）。串圪圙一般5千克面一个，用面做成大面圈，上卧十二生肖，并带十二个面娃娃。东乡人制作的串圪圝上还有麒麟送子斗八宝、双鱼拱莲、如意等。老人寿诞，儿女要制作蒸面寿桃，寿桃上捏桃尖，下剪桃叶，分别点缀一些红绿色。

（二）焙面塑

境内焙面塑以焙面娃娃居多，流行于县城及周边。它以其形美、色佳、味香、口感好等特点而深受群众喜爱。其起源，与农历七月十五祭祀先祖时祈求先人荫庇子孙有关。

20世纪50年代前，城关各处的蒸食铺都是个体经营，群众遇喜事或过节制作焙面娃娃一般都在自家制作，然后拿到蒸食铺烤焙完成。50年代公私合营后，蒸食铺不再替私人加工制作，焙面娃娃逐渐被蒸面娃娃取代，制作艺人日渐稀少。

焙面娃娃的制作工具主要为砂土套锅（多为南安阳村砂锅作坊烧制），大火加热，一次成型，焙熟。主要原料为上好的小麦面粉，辅助原料是杏仁水、糖稀搭色水、黑豆、花椒籽等。

焙面娃娃的面塑人物造型内容丰富，多以传统民间故事人物为主。其大者一般有三四十厘米，小的不足10厘米，浮雕式造型，一般不足1厘米厚。其内容有《八仙过海》《三仙姑下凡》《西游记》《白蛇传》《刘海戏蟾》《晓月和尚戏柳翠》《嫦娥奔月》等传说中的故事人物；也有《过江条督》《武松打虎》《时迁偷鸡》《打金枝》等传统戏剧中的人物；还有其他动物飞禽等传统造型，如浮水娃娃、蛤蟆驮兔、蛇盘兔、蝴蝶、双石榴、荷叶卧子、金蟾等，可谓五花八门，有百种之多，形象栩栩如生。

21世纪初，民间焙面塑的老艺人相继谢世，为传承此项技艺，县文化馆退休职工璩鸿琪发动家人制作焙面娃娃，使其免于失传。这一时期，阳城焙面娃娃以民间艺术一绝被列为国家级非物质文化遗产保护项目（传承人为张红霞），获中国民间艺术一绝展获银奖，并在上海世博会山西厅展出，享誉世界。

阳城焙面娃娃

阳城焙面娃娃

（三）炸面塑

炸面塑最常见的是各类油炸小食与敬神用的蜜牌楼。

小食　形似饺子。通常的做法是：按0.5千克温水和0.1千克油的比例，将白面和成中软面团待用；另由红白糖、炒芝麻、核桃仁混合做成馅，也可将柿瓣、柿饼切碎或用柿沫做馅。0.5千克和好的面可做四五十个小食，做时像捏包子一样用面皮包馅，捏成麦穗饺子、三角包、元宝、半圆、石榴、仙桃、佛手、莲花、海棠、包子等形状，油炸即成。另一种做法是：以一半的面粉用油和面，另一半面粉用红糖水和面（或柿瓣泥），各做成圆饼，将圆饼叠到一起擀成薄片，卷成圆条，并横切成薄圆片，而后用筷子夹成海棠、圆花朵、桃叶等形状，油炸后，即成为红白相间的无馅小食。过去农村油料短缺，制作时为了省油，用发面

小食

蒸制这些小食，然后下油锅炸。

蜜牌楼　清以前传入县境西南部。其做法是：用水和面，擀成薄面片，制作成牌楼亭、殿、阁的各个部件，并在外面刷蜂蜜，然后用香油炸制，炸熟放凉后组合成牌楼的形状，用于敬献神灵。因其制作工艺复杂，制作成本较高，因而没有推广开来。到20世纪50年代初，西乡人做的蜜牌楼宫殿曾在县文化馆展出，此后再无人过问，制作技艺失传。

阳城烧肝

三、阳城烧肝

阳城烧肝，历史悠久，制作工艺精湛，誉满三晋。因其色鲜、质高、味美、营养丰富而深受欢迎。制作烧肝的原料有猪肝，辅料有花油、大蒜、花椒、生姜、精盐、小粉面、鸡蛋等。加工制作方法是：将新鲜猪肝周围黏附物剔除干净，并保持肝体完整，用水冲洗清洁。然后将猪肝切开剁碎，把大蒜切成碎末，再将猪肝和蒜末以1：0.3比例搅拌匀，加入适当花椒浓液，再用1：0.05小粉面撒入，拌匀。接着，将猪花油摊开，把配好的料放上，用花油把搅拌好的猪肝碎末料卷成圆柱形，每卷（支）直径约4厘米，长约20厘米。卷好后，将其放入油锅内用火轻炸，待肝卷表面有结质时迅速捞出。这样处理过的肝卷不变形，放入蒸锅上火蒸约40分钟即熟，蒸后的肝卷凉储待食。食用时，将肝卷取出切成片，片厚0.5～1厘米，而后放入油锅内慢火炸过。切记油不可过热，炸至香脆即可捞出，摆入盘中，撒上葱丝、蘸上食醋即可食用。烧肝是阳城人餐桌上的日常菜，也是待客的特色菜。

四、羊杂割

羊杂割是古城的风味小吃，可口暖身，香味四溢。杂割的用料主要有羊头、羊腿、羊内脏、羊骨架、羊血以及白萝卜片、扁粉条等。将上述原料煮熟，并将羊血加盐用慢火加热凝固后，把熟肉、内脏和血块分别切成小块或薄片，将煮熟的萝卜片用羊油炒过，将粉条煮熟后淋水备用。其佐料为羊油辣椒，即将加热后的羊油倒入盛有红辣椒的容器中，经搅拌后，冷却即可。食用时，舀些煮肉和骨头时留下的汤，放入肉片、血块、粉条、萝卜片，炖热，调入盐、花椒水、茴香水，再加入油辣子、葱花，配以阳城特产小米煎饼，暖胃养身，香辣爽口。杂割一般在早餐时食用，此时，小吃摊前往往人头攒动，个个吃得津津有味。

五、高妆点心

高妆点心用阳城本地生产的冬小麦加工的白面为原料做成。高妆点心成品呈茶杯形圆桶状，高约12厘米，底部稍大，直径约8厘米，白细分层，并以其独特的形状和风味，受人青睐。长期以来，高妆点心都是宴席佳品。每逢过年过节，人们总以它来馈赠亲朋好友。

高妆点心用麦芽面发酵，手工揉制，笼锅蒸熟，无碱自发，无糖自甜，热馍绵软，干食酥脆，愈嚼愈香。其主要工艺流程是：淘麦，催芽，磨面，做酵，接酵，和大面，派剂，揉剂，捏制成型，盒泛，装笼，蒸熟，摘装，晾透，保存等。其工艺制作很有讲究：把冬小麦用水淘洗若干次，直至水清为止；而后将淘净的小麦捞入筛里渗掉水分，置于适温处让其发芽，芽发至萌顶，继而，将芽麦摊晾待九成干后磨面。催芽时，要使麦芽长短适度。短了，蒸出的馍不甜；长了，不易成型。和大面要稍硬不宜软，过硬不宜泛，过软不成型。起泛要适度，欠泛则蒸出的馍要裂缝；泛过则不白，而且歪扭。

煎饼

六、小米煎饼

　　小米煎饼是气香味醇的阳城小吃，用小米磨浆摊制而成。其制作过程是：将小米和适量花椒用开水浸泡半日，连同水一起磨成细浆，加入发酵剂置于炉火旁发酵。当其表面出现泡沫并上涨发虚后，加入适量盐和碱，充分搅动至稠米汤状，用勺舀入煎饼甂内蒸熟。煎饼甂是阳城独有的煎饼专用煎制工具，用铁铸造而成，甂面直径约14厘米，呈圆形，中间凸，周边凹，凹深约3厘米，周边平宽约3厘米，边缘高出约0.5厘米。甂面下连约19厘米高的圆筒状基座，一边开有口，宽约15厘米。还有铁盖两个，盖深约6厘米，上带蒂。两个铁盖经在下面炉火上半盖着烧热后，交替加盖在甂面上，直到在旺火上烧熟为止。在此过程中，还有两样用具必须提及，一个是煎饼刀，另一个是布刷子。煎饼刀一端是扁平铲，另一端是半圆形钩，它有两种功能，一是起煎饼，二是提盖。油刷子是用来蘸食用油涂擦甂面的，以保持煎饼与甂面之间不粘连。煎饼呈扁圆形，上凸下凹，中心虚软，边缘香脆。制作时，在煎饼凹面可根据口味的不同放入相应的食材，或放入鸡蛋，或放入红糖，或放入葱花，或软，或甜，或香，别具地方风味。

煎饼鏊

七、花馍

花馍是县城居民办喜事时的一种传统特色食品，一般用白面或黑面发酵后加碱水，用木模托制而成。花馍分包馅的和不包馅的两种。其木模呈圆形，凹深1~1.6厘米，凹的中部稍凸，并雕刻有喜字和花纹。模的大小不等，小模直径有9厘米，大模直径达13厘米。花馍面上一般要刷紫红色素，放在鏊上烧烤，并用火上烧红的套锅轮流扣住加温，使花馍表面红黄发亮，边底虚、黄、熟，即可出锅。

八、小饹

为县城一带人家春节走亲戚的礼品之一，是用红烧肉、小丸、卷尖、拉麻四样炸肉组装而成的食品。

小饹

　　小饹一般用瘦肉较多的猪臀部肉制成。猪臀部肉的用法是，将臀肉中略带肥肉的部分做成红烧肉，纯瘦肉的部分做小丸和卷尖，其余肉用来做拉麻。红烧肉的做法是：先将肉切成9厘米长的大块放入水中，加入姜、葱、蒜、花椒、茴香、大料、盐等煮熟；另将油烧温，在煮熟的肉面抹一层蜂蜜，入锅油炸，炸至金黄色后，迅速出锅，切成大片，加姜、葱、蒜，并放入少许清汤，稍蒸即可。小丸的做法是：先用水将干粉溶开，将瘦肉剁成肉泥，加入等量干粉，放入少许碱，再放入适量的花椒水、鸡蛋、盐，搅成糊状，用手挤成直径约2厘米大小的肉丸，入油炸黄后捞出，用作小饹垫底。卷尖的做法是：将鸡蛋内溶物搅匀，溜入烧热并擦油的尖盘，旋转尖盘，使鸡蛋自流成薄饼，一枚鸡蛋做一张饼，再向蛋饼上放入肉糊、面粉，卷成直径约3厘米粗的圆条，用肉糊粘住口，放入盘内蒸熟即可。拉麻的做法是：将肉切成薄条、短片，加入成倍干粉，注水，使干粉溶开，加入盐、花椒粉和姜粉，搅成糊状，入油中炸至淡黄色即可。

　　小饹在食用时，可撒一些蒜苗、葱丝、芫荽。

九、罐馉肉

罐焖肉是用阳城特制的焖肉罐制作的美味肉食品。焖肉罐为土黄色的陶瓷器具，底小肚圆，外粗内光，罐口小，并加有凸盖，猪、牛、羊肉均可焖制。制作方法：将肉切成长3厘米左右的肉块，放入罐内加温，沸后掠出液面浮沫，放入姜、葱、蒜、花椒、大茴香、盐等，用文火加热，煮沸片刻，下火，将其置于火边焖炖，直到缸中不再发出“吱吱”的响声时即可食用。软绵可口，清香四溢。阳城民间有“酸猪咸羊辣牛肉”的说法，即猪肉炖成后可放入醋以去其油腻；炖羊肉时可稍咸，以去其膻味，适量多加茴香，味更美；牛肉味淡，多放辣椒可增进食欲，同时以不放蒜为佳。

第七节　社火游艺

一、祈雨赛乐

清末，县城十字北街偏西的东成汤庙（即原凤城镇政府所在地，今人人家超市的位置）和水村成汤庙（今水村幼儿园的位置）每年四月都要举行祈雨活动。该活动在水村、下芹、上芹、下李、中李、王曲、峪则、郭河、阳邑、南任这十村之间轮流进行。

祈雨前，还有一个请龙王的仪式。具体是要到町店崦山请白龙爷出山。是时，迎请队伍身插柳条，头戴柳条帽，到崦山白龙庙，将白龙爷像抬回主办方的汤帝庙内；与此同时，另外已经有人杀猪、宰羊，将贡品摆放好了，祈求上天降雨。更有趣的是，将白龙爷像接回后，要将其供奉在庙院中心接受太阳的暴晒。乡民们朴素地认为，太阳晒得越厉害，下雨的可能性就越大，因为白龙爷无法忍受酷日，就会降雨。

祈雨时，社首要戴礼帽，穿蓝袍，着黑马褂，参与者也都一律着新装，浩浩荡荡，颇具规模，就像过节一样。祈雨队伍行走顺序为：四个童男童女手捧香炉走在最前面；木制龙头和汤帝木雕像由8个彪形大汉用木杠抬着居中行进，木杠上的铁制铃铛，在大汉们的左右摇晃下，叮咚作响，为祈雨活动增添了神秘的色彩。此后有乐队跟随，乐队阵容庞大，一般由20堂音乐组成，每堂音乐有乐手10~12人，乐队总人数即达200多人，一路上各个乐队都要使出浑身解数，无形中展开了竞赛，因此，每次祈雨都像是一次民间音乐比赛。比赛过后，县城及周边居民还要就谁家的音乐好、谁的表演优议论多日，使县城平添了不少趣味。祈雨队伍一般要沿着主办村的交通要道走一遍。有的人家求雨心切，还要请祈雨队伍将神像抬到他家田里走一圈。

祈雨活动一般举办三天，在第四天，要将白龙爷送回崦山。若在三天内未能求到雨，常将祈雨活动延长至七天。祈雨的同时，村里还要唱大戏，一般是七场戏唱四天，热闹非凡。

二、阳城道情

道情起源于唐代道士所唱的"经韵"，宋代发展成为唱白相间的曲艺形式道情鼓子词。这种民间小戏的流行范围主要是黄河流域。阳城道情何时传入，史无记载，但从其唱腔曲牌来看，当属晋北道情的范畴。2006

阳城道情艺人

年，道情戏列入国家级非物质文化遗产名录。

　　阳城道情的唱腔音乐属曲牌连缀体，其乐器分打击乐器和伴奏乐器两种，主要打击乐器为渔鼓、简板、木鱼、铜板等。渔鼓呈圆筒状，筒板长约70厘米，筒外径为9厘米左右，用鱼皮包住筒的一端，另一端为空筒（称鼓尾），用中指轻轻拍打，发出"镗镗"之声；道情之主要伴奏乐器为京胡（定6—3弦）、四弦（定5—2弦）、三弦（定1—5—i弦）、箫等。20世纪80年代后，又陆续加入了二胡、扬琴、笛子、小提琴、电子琴等。阳城道情在乐器伴奏上也分文武场。文场以京胡、四弦、箫为主，其他乐器为辅。武场主件有渔鼓、箭板，辅助乐器有小钗、碰钟等。在曲牌上，包括过门曲《小八板》在内共有10种。唱腔音乐由皂调、耍孩、歪调、跺板、碗花调、十字佛、山坡羊、西江月等十种曲牌组成，故素有"十锦段"之称（另有摘樱桃、盘花调等曲牌，现已失传）。旧时，阳城道情在演唱时常以小八板（民间曲牌）作为前奏曲，再过渡到道情过门，再进入到道情有关唱腔词牌曲谱。

　　阳城道情音乐唱腔委婉明快，流畅自如，旋律跌宕起伏，犹如行云流

阳城道情老艺人

水，有波涛滚滚，令人赏心悦目，回味无穷。外来曲牌与本土曲牌小八板巧妙融合，南北风格，浑然一体，妙曲天成。阳城道情的台词设计多以本地方言为主，具有浓郁的地方色彩，妙趣横生，令人荡气回肠。阳城道情的传统曲目主要分为韩（湘子）家和李（翠莲）家两类。其中韩家类曲目有《拷打追湘》、《七仙点化》、《湘十八救母》等14本，李家类曲目有《何金龙算卦》、《唐王游地狱》、《对金钗》等14本，20世纪50年代以前，阳城道情多以"地摊戏"（或称坐场戏）的形式演唱，50年代后搬上舞台，说唱内容也在当初单纯宣传道教文化的基础上，增加了一些更适合当地民俗特点、反映当地民间趣事的传统风趣幽默内容，丰富了道情说唱的艺术内涵。

20世纪50年代以来，县文化工作者为了抢救濒临失传的道情艺术，通过走访、搜集、抄写的方式，整理出部分道情传统剧本，可惜于"文化大革命"中散失殆尽。

在阳城道情的历史上，经历了元末清初的产生、发展到清代至民国时期的成熟、兴盛，再到新中国成立前的衰落及新中国成立初期的抢救，提高，再到"文化大革命"时期的再度低落，20世纪80年代的复苏，直至21世纪初的再度繁荣，经历了艰难曲折的漫长历史。

　　1954年，作家赵树理在阳城体验生活期间观看了阳城道情的演唱后，评价颇高，遂邀请阳城道情组团到省城演出；1958年再次赴省城演出40余天，演出的《百花四季》、《拉老汉》等节目，均受欢迎；1979至1980年，由张天林编词、宁家沛编曲并导演、由阳城发电厂职工文艺宣传队演出的阳城道情表演唱《群英会上挑女婿》先后作为阳城县的文艺代表队赴地、省汇报演出，均获殊荣；之后，道情舞台上又出现了融曲艺与舞蹈为一体的新作《新婚之夜》、《银线相连四海情》等一批优秀节目。进入21世纪以来，道情艺术更加受到境内外观众的青睐而流行城乡，发扬光大。

　　据邑中长者回忆，早在民国年间，县城一带就有韩勋、毕庚创、白黑旦、刘和尚、苏有命、苏石命等道情艺人三五结合，临时搭班，以坐唱的形式，利用农闲时间深入到山庄窝铺、家庭院落巡回义唱。

三、南关扛妆故事

　　扛妆故事（亦称"上妆故事"），为境内传统的民间艺术形式，出现在春节、元宵节、庙会等喜庆场合之中。故事人物趋向戏剧化。妆上所扛的人物多为七岁以下男女儿童，扮作各种戏剧人物形象，下面扛妆人通常也做简单化妆。扛妆人所走的步式有"二龙出水""串8字""珍珠倒卷帘"等多种，有时也可走"十字步""秧歌步"等舞蹈步式。妆上、妆下演员协调配合，在音乐的伴奏下表演得活灵活现，洒脱自如。由于扛妆故事是通过形体来展示故事情节，只扮装，不演唱，故被当代专家们戏称为"无声戏剧"和"空中舞蹈"。

　　扛妆故事乐队的伴奏乐器为上党地区的传统民族乐器。20世纪80年代后，有的乐队演奏的乐器逐步增加西洋铜管乐。乐队演奏曲牌多为上党传统曲牌。20世纪80年代后，逐步增加了现代歌曲一类曲子。主要表演剧目有《岳飞传》《枪桃小梁王》（双人妆）《杨家将》《战幽州》《杨门女

扛妆故事

将》《三打白骨精》（双人妆）等。扛妆有单人妆（一人扛一人）、二人妆（一人扛两人）、多人妆（一人扛两人以上，除坪头等村外，现已不多见）等。据寺头乡张家庄村81岁的老人邢允文讲，其父邢建忠当年就是扛妆的老把式，能扛起五人妆表演。

扛妆故事最具代表性的则为寺头乡的张庄村和凤城镇的南关、坪头等村。上妆故事的表演简单易学，较易传承。但由于制作扛妆的老技工相继谢世，制作技艺传承困难，因而多妆故事已濒临失传。2008年，扛妆故事被列入山西省非物质文化遗产保护项目。

四、东关旱船

旱船即陆地上跑船，是阳城民间舞蹈的一种特殊形式，为传统庙会及元宵节文艺活动中的一项演出项目。在境内最具代表性的传承地区为凤城镇东关村和西河乡陕庄村。2008年，旱船被列入山西省非物质文化遗产保护项目。

跑船的舞蹈形式有"二龙出水""串'8'字""珍珠卷帘""青龙

旱船

摆尾"等传统形式。演员需用碎步、搓步等技巧，在音乐的伴奏下，完成各种表演动作和舞蹈造型。表演的动作整齐划一，如行云流水，大有劈波斩浪、千帆竞发之势，给人以无限遐想和美感。表现的内容多以戏剧情节为主，如《杨家将》《岳飞传》等。

跑旱船乐队的伴奏乐器和演奏的曲牌同扛妆故事等舞蹈艺术大致相同。

旱船有双人船和单人船之分，亦有三人船，但很少有四人船。单船内表演人员越多，表演难度就越大（一只船内不管几个人表演，必须保持步伐协调一致）。

旱船的装饰与表演是集民间舞蹈与民间剪纸及花灯展示于一体，经20世纪80年代恢复后，有关部门采取了积极的抢救措施，使这一古老艺术得以传承。1994年，晋城建市10周年和2008年晋城市组织的迎奥运庆祝活动中，阳城均组织了由80只旱船组成的庞大队伍参演，深受赞誉。

阳城东关村的旱船表演起源于近代，而陕庄和润城河头的旱船表演则年代较早，为境内旱船传承的起始地。

五、西关舞龙灯

"舞龙灯"又称"耍龙灯"，由两条制作的龙灯与若干个舞龙者组成一支舞龙队伍。龙灯短者十余米，长者数十米不等。制作时先用竹签以每节约2米左右的长度，扎成龙体骨架（圆柱形），外以白纸（现多改用白布）糊裱，再以各种颜料点画装饰。龙头、龙尾也分别用竹签、白纸（或白布）扎裱而成；再用白布做成筒状，经颜料点画后连接。龙头、每节龙体及龙尾下方各固定一根约2米长的木棍。一般为两条龙同时表演，取"二龙戏珠"之意。表演时，舞龙者（十余人不等）在下面分别举着木棍，托起龙体，一人则举着纸扎的蜘蛛形状的模型作为前导，耍龙人在龙头的带领下，踏着鼓点，做出各种舞龙动作。耍到高潮时，随着鼓乐节奏的加快，两条龙快速上下翻腾，像两条火龙在天空中穿云越雾，给人以亢奋激昂之感，别有一番情趣，晚上表演效果更佳。舞龙灯既是体力活，又要求表演者身手矫健、动作灵活、步调一致、配合默契，故多由青壮年表演。境内许多地方都有舞龙灯活动，而尤以西关村的龙灯最引人注目。2008年，该村重新组织舞龙队伍，从外地请来舞龙高手传授技艺，掌握了一系列高难度技巧，被誉为"晋城市第一龙"。是年，西关村和下孔村的龙灯被列入县级非物质文化遗产保护项目。

第七章　小城故事

第一节　县官的故事

李栋：亲民爱民留美誉

李栋是河南涉县人，明隆庆五年（1571）出任阳城知县。此人性敦厚，寡言语，但每与乡中父老商议政事时却滔滔不绝，百姓都非常敬重他。李栋在任上为阳城办了九件实实在在的好事：一是向上争取为阳城免除了冶铁税。二是将原来按户口分配差役改为按贫富区别对待，这一经验在全省推广。三是他为备荒，在全县各地设立了许多社仓。四是乡间百姓为争锡矿，酿成事变，他以惩办为首的闹事者、其余不予追究的办法，平息了事端。五是有一盗窃团伙，长期为害乡间，李栋察访到盗匪姓名后，先用德行感化，在闹市区贴出告示，上曰："我不忍心现在惩处你们，速改，即赦免你等罪过。"盗窃团伙闻讯即全部解散，回家务农。六是不贪财，不媚上。一天，上司派一名使者到县，但这位使者来阳后胆大妄为，无恶不作，李栋鞭打使者，引起上司怨恨，所幸该上司不久垮台，并未对李栋造成危害。七是用五年时间积谷三万多石，准备对城墙进行大修，后因调离而未实现。阳城人感其恩德，为李栋修建了生祠，乡贤、明万历吏部尚书王国光亲自撰写了《李侯去思碑记》。

张应诏：筑墙起峰兴文化

张应诏是陕西咸阳人，明万历六年（1578）出任阳城知县。赴任之日，正是阳城乡贤王国光与泽州知府于达真谋划修城墙之时。此时，城墙东西两面原有的砖甃部分多有坍塌，南北仍是土墙且多有颓圮。通过王国光与前任知县李栋多年的筹备，各项准备工作已基本就绪，张应诏一到任，就慨然挑起了修城的重担。工程于万历六年（1578）三月开工，当年十月完工。开工后，省城三司都拨出专款相助，泽州府也予以赞襄。当时正值灾荒，五谷歉收，很多饥民通过参与修城，解决了吃饭问题，得以保全了性命。此次修城墙，把土墙全部更换为砖墙，是县城城墙建筑史上工程量最大、改造最彻底的一次。至此，城墙面貌焕然一新，雉堞林立，雄伟高大，固若金汤。张应诏在建城墙的同时，亦对文庙进行了修缮，并在城东鹫峰岭和城南虎头山两座山顶建起两座文峰，并亲自为之作记。此后，阳城文风勃兴，科名日盛，文学的大幕自此拉开，登第者一个接着一个。不久，张应诏本人也得到提拔，升任御史，后官至湖广按察司佥事。

刘斯濯：效法商汤亲祷雨

刘斯濯为直隶涿州人，明万历十五年（1587）出任阳城知县。不巧的是，万历十四（1586）、十五年（1587）连续两年大旱，他一上任即看到遍地饥民，心情痛苦万分。这位进士出身的知县，熟读经史，对商汤当年以身作祭、为民祈雨的壮举印象深刻，无奈之下，效法商汤，亲自祈雨。他不坐轿，沐浴更衣，带着随从，徒步前往距县城七十多华里的析城山祈祷。回来后，天公喜降甘霖，旱情得到缓解，百姓高兴地说：是刘知县的诚意感动了上苍。刘斯濯还是一位重视教育的好知县，每次到学宫视察，都要亲自为阳城学子授课，诲人不倦，极有耐心。命薄，上任不到一年，即以身殉职，卒于任上，人们纷纷到灵前祭奠，痛惜万分。

王雅量：确有雅量的好县官

王雅量系山东费县人，明万历三十三年（1605）任阳城知县。此前一年他刚中进士。初任阳城县知县，即遇到人命案。当时境内有一人被杀投入井内。王雅量疑系一无赖之徒所为，将他定罪下狱。后审另一囚犯时，犯人自供有杀人投井之事，王雅量方知前案办错了，后悔不已，便冒风险纠正冤狱，将前人释放。上级称赞他不隐讳自己的过错，更加器重他。县儒学教官病逝，雅量亲往凭吊，并拿出自己的一半俸禄送给死者妻儿。县里遭遇大旱，雅量一边申请上司开仓赈济，煮粥发粮接济饥民，一边拿出自己的俸银掩埋饿殍。后升任御史，巡按陕西道经阳城，城中老幼争迎于道旁，离阳二十多年，百姓犹思念不忘，有感于斯，雅量以诗寄县父老云：

> 回首行山梦一场，飞鸿几度意何长。
> 犹怜父老牵裾泪，更入公卿华衮章。

自愧劳心输卓茂，敢期遗爱系桐乡。

邑人若问吾何状，似旧愁眉冀又霜。

县人曾刻石留于壁，并建生祠祭祀他。

王良臣：首次将柿树引进阳城

王良臣系河南新郑人，明万历三十八年（1610）任阳城知县。他的性格深沉刚毅，富有谋略，善断疑难案件，县衙中从无积案。尤其为人称道的是，对于犯了小罪的人，他不加械责，而是让其去干一些费力而有益的事情。如他了解到，阳城田垄地多长了一些难以根除的菅草和酸枣树，妨害庄稼生长，于是就罚罪过不大的犯人去挖，以挖细根的多少来减免罪责，好多荒芜的田地因此得到了整治。王良臣的另一政绩是将柿树从他的家乡河南新郑引入阳城。为鼓励百姓多种柿树，他以栽种柿树的多少来评定每年劳绩的优劣，使阳城柿树成林。后升任河间府同知，百姓依依不舍，送至百里之外。

杨镇原：死也要埋在阳城

杨镇原系河南陈州人，明崇祯二年（1629）出任阳城知县。厚重少文，为人实在。上任的第二年，陕西农民起义军逼近临汾一带，出于防卫的需要，他带领民众于崇祯四、五年间对城墙加以修葺，并于城西北建城楼，于城东西门境增建瓮城，由于城池坚固，农民起义军虽屡次袭击阳城，却始终未能进入县城。崇祯五年（1632）七月十六日，农民起义军攻入郭峪、白巷等地，为防义军渡河进攻县城，杨镇原出重金招募壮丁防守，并亲率敢死队埋伏于沁河西岸。适逢沁河水涨，义军无法渡河，杨派人把预先用薄朽木材制成的劣质船只系于沁河东岸，选择水性好的勇士装扮成船夫，怀中揣着钢刀，撑舟以待。义军不知情况，盲目登船，行至河心，杨镇原树旗擂鼓，水陆伏兵共起，沉船杀敌，义军死伤无数，其首领九条龙亦当场毙命。时隔一年多，杨镇原官职得以提升，擢户科给事中，后出任河东参议，临终嘱托自己的儿子：阳城是我的第二故乡，我死后，催比。唯貧者當之正供未完民已力竭矣雅量洞知其弊乃親檢稅籍輸納不時者必重懲之又嚴禁詭寄犯者即實於法由是奸弊絕而民困乃得蘇後擢御史按陝西道出陽城邑八士無貴賤老幼皆爭迎道左如見慈母官終光祿寺卿自尚書王縣廣交病卒候往哭之割半俸歸其孥歲大稔請上官發金佐以已俸食貧掩骼民用不困

王良臣字敬吾新鄭進士神宗時知縣性沉毅有遠畧庭無滯訟建書院聚生徒教之所拔者皆以次得雋歲課民種柿若干株為殿最迄今成林民食其利隄河間同知民蓑衣裹糧而送者至百里外依依不忍別。

清同治版《阳城县志》王良臣简介

魂魄眷恋这块土地，不要把棺椁送还故乡。于是他去世后，便葬在了阳城县城外南面的山冈上。百姓还为其建立了生祠，乡贤、南明吏部尚书张慎言曾为其作《杨令生祠记》。

彭景曾：治行第一民称颂

彭景曾是浙江海盐武原镇人，清雍正元年（1723）以监生出任阳城知县。出身于书香门第，其祖父彭孙遹（清康熙十八年博学鸿词科第一名）是清初与王士祯齐名的著名诗人。彭景曾为人聪慧敏锐，多谋善断；为官清正廉洁，品德高尚。治吏极严，贪腐绝迹。亲民爱民，情真意切。他刚上任不久，发现县内有人借官府粮食上百石，因贫困而不能偿还，追缴数年，皆愁苦无法。景曾自己本来就不宽裕，却出钱购买粮食，代替贫困户如数归还。同时召集欠粮百姓取出借券，当众焚毁，群众万分感激，皆叩首谢恩。三年后，他因受人牵连被罢官，临行前，男女老少争相前往送别，街途塞满，泪如雨下。景曾虽罢官离任，其家室还留在阳城，百姓知道他家贫困，纷纷登门送粮送菜。历任多少知县，百姓称景曾才真正称得上是"治行第一"的人。

徐昆：才美学富续聊斋

徐昆，字后山，号啸仙，又号柳崖子、柳崖居士等，山西平阳府大阳镇（今临汾）上村人，清乾隆二年（1737）四月十二日生，乾隆四十一年（1776）任阳城县教谕，1778年离任。做官至70岁退休，终年80多岁。人称"蒲松龄再世"。清同治版《阳城县志》称其"才美学富"。徐昆性情温厚，秉奇异之资，诸子百事之书，一览贯通。教人首重器识而后才谈学问，他教过的学生望之如泰山北斗。他在任时立有"学规八条"，包括身心之学、政治之学、经籍之学、史汉之学、文选之学、说文之学、馆阁之学和科举之学；他还提出《禁约八事》，包括毋自逸、毋自劳，毋自大、毋自小、毋自足、毋自歉，毋自智、毋自愚。上述内容，皆言身心性命、修己治人之道。他将之镌刻于壁，令生员朝夕观之，入心不忘。他以六经为本，诚心实意地教育学生，一时士风大变。在他的官署里摆满了各种古籍，平时与名人诗歌唱和不绝。徐昆著作等身，既有戏曲小说，又有经史著作，著有《春秋三传阐微》《书经考》《易说》《说文解字长笺》《诗学杂记》《毛诗郑朱合参》《眉园斋日课制艺》《春秋花月词》和戏曲《雨花台》《碧天霞》《合欢竹》等。特别是他写的以《聊斋志异》续书面目出现的小说《柳崖外编》，引起世人极大兴趣，书中卷五、卷六的内容多为阳城轶事。

秦维峻：怜民功垂绝兰碑

秦维峻系甘肃皋兰人，清嘉庆十一年（1806）出任阳城知县。其父给官家做过总管，兼做药材生意，家资颇丰。但美中不足的是，年过不惑仍无子嗣，遂举善事，济贫民，在家乡兴办义学，使贫穷之家的子弟也能上学，对成绩优秀者还给予钱物鼓励。后生下两子，并先后及第为官。其兄秦维岳，由翰林出任监司，为官以清廉著称。为勉励弟弟保持高洁的操守，他每岁寄千金给秦维俊，还寄来一副对联作座右铭，联云："民非如子难言爱，官不能贫漫说廉。"在父兄的熏陶下，秦维峻成为一个廉政爱民的好知县。如蟒河村古代多兰草，里长每于花开之时即向知县进献。相沿时久，形成惯例，百姓苦不堪言。清嘉庆十五年（1810）春，村民本着试试看的心理，上报知县秦维峻，言兰根已绝。秦知县体恤民情，下令免征。淳朴的村民们感激万分，当年即树碑一通，上书《邑侯秦太老爷绝兰碑》，并详记其事。

郭学谦：耆老脱靴称贤侯

清末，阳城县衙北厅二堂对面影壁的下端有石碑一方，上书："太行巍巍，沁水潺潺，政有私枉，生不还乡。"是光绪末年知县郭学谦的誓言。郭学谦系甘肃武威人，清光绪三十三年（1907），他出任阳城知县。他公正廉明，执法如山，人称"小包公"。不仅如此，还移风易俗、兴利除弊、革故鼎新，办了几件深得民心的大好事：

一是下令取消"满汉供"。"满汉供"是每年元宵节为城隍庙庙会祭祀而准备的价格昂贵的高级筵席（原为满汉贵族设宴时所用），其用料考究，样式奇特，制作精美，届时都会引来大量的围观者。每备一桌献供，动辄花费数千两纹银，事后按人丁向县城各厢房群众摊派，年复一年，百姓有苦难言。了解到这一情况，李知县通知社首，勒令取消"满汉供"，其余唱戏等项花费也一律从简。

二是革除了停丧在家、待机厚葬的陋俗。阳城旧有"安葬父母倾家一半"的说法，许多贫困家庭，由于无钱把丧事办大，只好停尸家中数年，等有钱时再办，以免家族干涉和众人耻笑。这样，活人死人同居一堂，既不文明又不卫生。为革此弊，郭知县通知各地，邻里互助，一律于当年三月下葬。并讲明厚养薄葬的道理，县人称善。

三是取消了已婚的青壮年男子轮流充当庙会头目的制度（一年迎神赛社的花费，都由头目支垫和补齐）。规定迎神赛社之事，由家庭比较富裕的社首办理。

清宣统二年（1910），他升任临汾府尹时，县人依依惜别，不忍其离去，遂脱靴一只（古代挽留好官的一种很高的仪节，即在地方官离任时，在欢送队列的前面，由地方上年高有德、众所佩服的耆老上前拦轿，当场脱下卸任官员脚上的靴子，并高举过头，意为盼其留官不去。表达了当地人民对离任官员的敬仰和爱戴），并将之入祀贤侯祠。

第二节　乡贤故事

清谨公方田从典

> 阳城两宰相，啧啧田与陈。
> 诗书得培养，蔚为松与筠。
> 凤翥鸾翔上霄汉，巍巍相业声光烂。
> 山川既产廊庙材，余秀溢出富文翰。
> 卓哉邑侯徐，谓阳文献区。
> 昔日何盛今不竟，起废当自圣人居，

前辈风流后贤继，一线绵绵二百岁。

郁郁葱葱长兰桂，

君不见，兽中麟，鸟中凤，

人物英多回殊众，黄茅白草无由芳，

泮水洋洋芹藻长，菜根滋味无其香。

——清张域《泮宫芹—赞两宰相》

这是清道光乙酉（1825）科举人、向有鲍照、庾信称誉的阳城诗人张域的一首歌颂阳城两位宰相的诗句。陈廷敬是皇城相府的主人，田从典是通济相府的主人。前者是清康熙文渊阁大学士，后者是清雍正文华殿大学士。陈家一门九位进士，田家一门八位进士，田陈两家可谓不相上下。陈廷敬考中进士后，一直在朝中做官，官至宰相，未当过地方官。田从典则正相反，他是从知县一步步做起，最后才至相位，相对来说更不容易。正因为不容易，人们才对田从典的做官和为人感到好奇。当时，人们想从田从典身上总结些为人处事的妙诀，同乡人田嘉谷问他为什么能受到皇帝的倚重和同列的敬信，他回答是"朴诚而已"；又问他如何使用部下，他说"任之弼尽其才，有小过则宽之"（《清史稿》）。

田从典与陈廷敬在康熙朝为官时，有过很好的私人交往。田从典视陈廷敬为老师和知己，陈廷敬很欣赏这位小老乡，在田为官的道路上给予了许多勉励。请看陈廷敬写给田从典的两首诗。其一，《留别田峣山》：

晚年兼好道，暇日掩柴关。夕鸟来人外，流云宿树间。

今为投组别，尚待落花还。台阁君应到，相逢在故山。

其二，《留别田峣山、卫铁峰》：

生虽纡华组，不踏金张门。蚤年慕相如，归卧茂陵园。

有怀忝二人，明发渝定昏。后先十载馀，天书贲邱樊。

依依陇前树，遥遥烟际村。我行岂不久，楼迟长儿孙。

非才何为者，晚节思所敦。抗手谢时哲，含君风义存。

人生各有以，心迹难具论。允惟桑与梓，相对欲忘言。

"台阁君应到"，田从典没有辜负老乡的厚望，坐到了和陈廷敬一样的高位。这样，明清山西省共出过六位宰相，阳城即有两位。

田从典，字克五，号峣山，亦号虎谷，清顺治八年（1651）年生，阳城县通济里（东关）人。从小就很有才气，十岁就能写出出色的文章，与阳城才子、后任浙江巡抚的张泰交齐名，时称"田张"。

田从典是个有名的孝子，少时游学河南济源，听说父亲生病，急忙往回赶，夜穿虎豹出没的太行山，全然不知惧怕。

与同时代的人相比，田从典属于大器晚成的一类人物。他34岁中举人，并取得亚魁（第二名）的好成绩。四年后，38岁的田从典又中进士。紧接着第二年，他的父亲就去世了。他因此在家守制三年，直到康熙三十四年（1695），45岁的田从典才出任广东英德县知县。新官上任，他就立下誓言："若为囊橐之计而倾一人之家，任喜怒之私而戕一人之命。则大庾岭上将同颓石齐倾，始兴江头直与流波俱逝。"他在英德县任职八年，多有建树。清查户口，丈量土地，捐资创建"近圣书斋"，再建"三贤祠"，深得民心。康熙四十二年（1703），被上官推荐调回京城参加科道考选。离任时，百姓结队挥泪送别，一直将他送过大庾岭才依依不舍离去。去世后，英德人为了纪念他，将他供入"三贤祠"，并将该祠改为"四贤祠"。

康熙四十三年（1704），田从典被任命为云南道御史（从五品）后打击豪强，清除宿弊，豪强贪官一时束手，不敢妄动。此后又历任通政司参议（正四品）、光禄寺卿（从三品）、左副都御史（正三品）、兵部右侍郎（正二品）、都察院左都御史（从一品）等职。都察院是清朝最高监察机关，左都御史是都察院最高长官。刚上任就奉旨查安徽布政使年希尧、凤阳知府蒋国正贪污案。田从典通过认真调查，证实蒋国正亏空库银几十万两的罪行，依实上奏，并依法将蒋国正斩首，年希尧革职。

康熙五十九年（1720），田从典任户部尚书（从一品）。田从典任职期间，政绩卓著，经常受到康熙帝奖誉，蒙赐钦定《康熙字典》、《佩文韵府》、《朱子全书》、《周易折中》、《幸鲁盛典》诸书及其他珍异之物。雍正元年十月，任吏部尚书（从一品），成为六部之首。田从典屡受圣旨嘉奖，御赐"清谨公方"绫匾一幅。御书大福字一个，御制诗字扇一握，诗曰：

> 百工允敕重朝端　职握枢机未易殚
>
> 出纳望同天北斗　清莱品拟省中兰
>
> 分曹政洽调元气　补衮心悬效寸丹
>
> 日昃共期劳庶绩　履声长听下金銮

雍正二年（1724），田从典入阁为协办大学士（从一品）。是年二月，顺天乡试为正考官；十月，殿试充读卷官；十一月，恩科武会试为正考官。

雍正三年（1725）四月，实授文华殿大学士（正一品）兼吏部尚书。入阁后，田从典对自己要求更严。退朝后，正坐读书，对国家决策严格保密，虽子弟莫能知。从政三十多年，性甘简约，食不兼味，家无厚产，门无杂宾。

雍正四年（1726）五月，以疾乞休，皇上慰谕不允。

雍正六年（1728）三月，田从典复请辞位回籍调理。初八日奉旨曰：

> 卿才品优长，老成练达，端方公直，恪慎恭谨，服官供职，宣力多年，简任纶扉，正加倚眷，览奏以老病乞休，情词恳切，著加太子太师衔，以原官致仕。于居第颁赏筵宴，令部院堂官齐集，并赐帑金五千两为还家路费及高年颐养之资，驰驿

回籍。起行前著来陛辞朕面加恩谕。起行之日，著在京官员等祖饯其行，归途所过地方，其有司在20里以内者具著迎送。旋里之后悬挂朕所赐御书匾额，时令巡抚两司亲至其家。将来颐养康健一二年后，再入京陛见，以慰朕眷念老臣之至意。

匾曰：

元衡介福。

联曰：

德重肫诚嘉犹资辅弼 礼崇惠养眉寿备恩荣

四月，田从典陛辞之日，又蒙赐衣帽、珍珠等物起行回家，行至良乡驿（北京房山），旧疾急剧而逝，终年78岁。疾革后进呈遗本，奉旨：

田从典才品优长，老成练达，端方公直，恪慎恭谨，自办理部务以及简任纶扉，实心宣力，勤劳懋著，屡以老病乞休，情词恳切，联因允所请，加太子太师衔，以原官致仕。赐以帑金，驰驿回籍，冀其颐养康健于一二年后再来京陛见，以慰朕眷念老臣之至意。忽闻患病溘逝，朕心深为轸悼。遣散职大臣一员，三旗侍卫六员往奠茶酒，并念伊子年幼，无办理事务之人，遣内阁汉学士一员，满洲侍读学士一员，前往办理。事毕之后，令该地方官酌量委员沿途照看，送到原籍。加恩抚恤，已有旨了。其应得恤典，著察例具奏。伊子年幼，家居著山西巡抚传谕该地方官，就近时加照看。其新旧接任之员，具将此旨传知，通行遵奉。前朕赏赐田从典匾额对联可暂收巡抚衙门，俟御祭之时，于两司中令一人捧前往，颁赐其家。

清雍正文华殿大学士兼吏部尚书田从典的墓碑

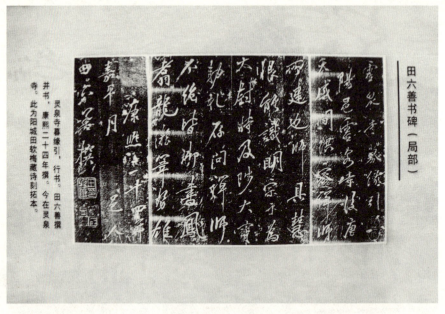

井书。康熙二十四年撰。今在灵泉寺。此为阳城田软垆藏诗刻拓本。

灵泉寺募缘引，行书。田六善撰

田六善书碑（局部）

田六善书法

继蒙赐祭葬，谥曰"文端"。雍正六年，敕建丰碑。碑文为雍正皇帝赐给田从典的褒恤之文，由汉满两种文字书写。龙头大碑现仍立于阳城县东关村岭上，且受到东关村的保护。雍正十二年（1734）十月，奉特旨"原任大学士田从典，品行端方，老成谨厚，居官廉洁，奉国公忠，应入贤良祠，以风有位"。

田从典一生政绩卓著，详情载《清史稿》名臣传，崇祀英德县四贤祠、广州名宦祠、阳城县乡贤祠、山西省三立阁、国家贤良祠。

田从典的文稿部分汇入《峣山集》。该文集为公之子田懋及族人收集整理。非文端公全部著作。文集共4卷，有奏疏序传等50余篇。诗集一卷，有诗30余首。补刻文一册。现藏于国家图书馆。

大清直臣田六善

官至户部左侍郎的田六善，是清初阳城"十凤齐鸣"的代表人物之一，他才守皆优，正直敢言，潇洒豁达，被列入《清史稿》汉名臣传。

田六善（1621—1691），字兼三，化源里人，清顺治丙戌科进士。他由河南太康知县一直升到户部左侍郎之职，是个有才能的直臣，一生数十条建议都得到皇帝采纳，对清初的国家统一、社会安定和国内治理发挥了较大作用。特别是平定"三藩"的过程中，他提出了"满汉赏赉公平"等加强清军战斗力的措施，不同意对叛军采取斩尽杀绝的办法，主张擒贼先擒王，待其部属自行归降，为讨叛胜利做出了贡献。清康熙文渊阁大学士兼吏部尚书陈廷敬在《阳城三乡贤记》中称赞他"在职敢言，奏疏数十，皆洞切时弊，侃侃正论也"。康熙二十年（1681）致仕归里。

田六善致仕后，纵情于故乡山水之间，吟诗会友，自得其乐。他还利用这难得的休闲时光，帮助收集乡邦文献，康熙二十四年开始撰修《阳城县志》，次年成稿，康熙二十六年刊印。该志被美国国会图书馆收藏。他还续修了田氏宗谱，重修了田氏祖祠。特别热心于公益事业，先后动员家族力量，重修阳城文庙大成殿、明伦堂、成汤南庙、高禖神祠，康熙三十一年逝世，终年72岁。殁后，崇祀阳城县乡贤祠和河南太康名宦祠。

其著作有《兼三奏议》《乐泌楼诗草》《鹪栖集》《拾瑶录》《幔坡诗钞》（藏于山西省图书馆）等。他的书法潇洒飘逸，别具一格。

田六善有八个儿子，子孙皆为读书明理之士，是阳城著名的文化家族。其中有一位进士，二位举人；三位知县，一位内阁中书舍人，一位兵部主事。

"白面包公"田懋

田懋是田从典的儿子，字德符，号退斋，一品荫生，历官都察院左副都御史。他与其父性格不同，田从典性格内敛，而田懋却性格外拓。田从典为人低调朴诚，田懋为人却豪放张扬。民间流传的故事中，田懋的故事比其父还要多。以至于人们儿冠父戴，常将田懋身上发生的故事移植到田从典身上。民间称其父子分别为"老阁老"、"小阁老"。田懋作为荫生，并不是进士出身，但在《清史稿》的汉名臣传中，却有他的名字，立传者阳城有四人，他是其中之一。

同许多卓有建树的人一样，自幼聪颖是田懋的特点。据传，他10岁就

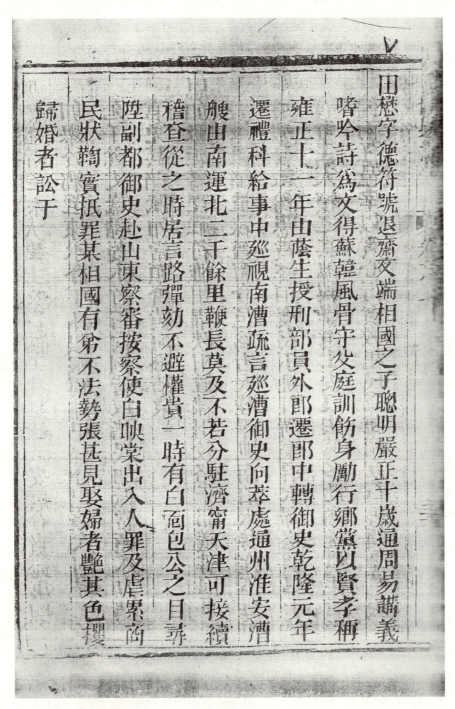

清同治版《阳城县志》中关于田懋的记载

明天启工部尚书白所知府邸门匾

能读懂《周易讲义》。他的诗做得好，散文也写得好，为文有韩愈和苏东坡的风骨。

田懋是在他父亲任户部尚书时，遇恩诏，被朝廷封为一品荫生的，但是他做官却是在其父去世之后。田从典于雍正六年（1728）逝世，雍正十一年（1733），田懋由荫生资格授刑部员外郎（从五品），时年23岁。不久，雍正帝又格外加恩，提拔他担任吏部郎中（正五品），后又转任贵州道监察御史。乾隆元年（1736），迁礼科给事中，这个职务有监察职能，与田懋正直敢言的性格特点正相吻合。他在这个岗位上不怕得罪人，弹劾不避权贵，有"白面包公"之称。就连工部尚书赵宏恩都在他的弹劾之列，赵因受贿而被罢官，流放边关充军。田懋后又充任鸿胪寺少卿，受到乾隆皇帝的赏识，越级提升他为都察院左副都御史。有一个朝中大官的弟弟仗势欺人，看到一个新娘长得好看，就截拦回家。新郎告到朝堂。田懋到当地办理此案。他带了一个随从，微服私访，查明真相后，一次审讯，立即予以正法。不久又连任刑吏二部左右侍郎（正二品），政绩详见《清史·名臣传》。因弹劾过多，旨令回籍闭户读书。返乡后修建依园，撰修县志。一生著作颇丰，有《易庸辨》、《卦变》、《春秋考实》、《格物解》、《耐忘集》、《蒙术摘要》、《古文》四卷。田懋亦好做诗，他写的依园《八景诗》现仍嵌在依园墙上。天王台位于旧县城西北角

白所知府邸门匾

处，是全城制高点，置身台顶，全城景色尽收眼底。田懋在朝居官期间，曾写《登天王台》五言诗一首，借以抒怀：

> 城势最高处，崔嵬辟此台。凉生千树杪，僧赀一筋来。
>
> 澹尔会信远，翛然尘梦回。赤松近安在，飞去问蓬莱。

清而亮的白所知

清康熙版《阳城县志》谈到了明代三位乡贤的特点，称之为"阳城三清"，即杨继宗"清而刚"，卫一凤"清而恪"，白所知"清而亮"。他们三人可以说是明代阳城清官的代表。

杨继宗为明成化"天下四大清官"之一。白所知为明天启工部尚书，卫一凤为南京兵部尚书。相传，白所知与卫一凤私交甚笃，二人曾拟对联。白出对"阳城有一凤"，卫对以"天下人所知"。双方都将对方的名字巧妙嵌入联中，令人绝倒。

白所知，字廷谟，号省庵，化源里人。其先祖白维举于明初由陕西清涧县迁来阳城，占籍城内化源里。因其曾祖父迁居下黄岩村，故所知常在碑碣文后题"黄岩村人"。历史上，白氏有3人中进士，13人考中举人，贡生38人，有3人崇祀县乡贤祠，6人崇祀忠孝祠，清同治版《阳城县志》

中，白家有17人立传。

　　白所知出身富庶之家，身体瘦弱，但却有着一双炯炯有神的大眼睛。他天资聪颖，十岁就能写出好文章来。在明万历壬午（1582）山西省举行的乡试中，他一举获得解元（乡试第一名）的好成绩。第二年，他就考中了进士。

　　他初任礼部主事，后调任吏部，历任稽勋员外郎、验封郎中、文选郎中。他办事公道，品行高洁。其正直的名声传到了宫禁，正好碰到每年的例事，即春秋两季要淘汰一两个进言的朝官离京，以示优劣。给事中戴士衡，是执政人张位的同党，所知厌恶他险佞的品行，将他按年例处理，张位因此怀恨在心。当白所知奔丧归家时，张位唆使戴士衡上奏诬陷白所知，白因此被罢官。从此，白所知杜门谢客二十年。光宗即位后，启用白所知为太常寺卿，转光禄卿，晋为南京户部左侍郎。所知衣着朴素，名声清白，熟悉掌故，办事符合民情。当时，因为征收的军饷解送不及时，使军饷亏缺，兵士要在祭陵时闹事。白所知在户部门前贴出布告，预先发给他们一个月的口粮，停供其他不急之需，很快平息了事态。后白所知返京任工部左侍郎，因修成三殿，朝廷给他记功，赠太子太保。他多次上书辞职。返家后，白所知不与外界接触，专门研究养生之道，见到后生总要谆谆教诲。他书法超群，人多珍视，所书《北崦山白岩祠重修碑记》和《白兔经铭》，字体以工妙称绝。享年86岁。

理学大师白胤谦

　　白胤谦（1613—1681），字子益，号东谷，县城化源里（今城内）人，乃明天启工部尚书白所知之侄，明朝崇祯癸未科（1643）进士，选为翰林院庶吉士。

　　清初，白胤谦由内院秘书检讨、侍读学士升为吏部侍郎，官至刑部尚书。他用刑平允，所属各司官员都十分了解刑法，不敢滥用。因为评议苏松（今江苏省）巡按王秉衡案件不合皇帝意图，被降职为太常少卿。不久，白胤谦又升至通政使，后辞官归里，病故于家。

明天启南京兵部尚书卫一凤墓地，位于东关山头岭

白胤谦晚年杜门谢客，穷究理学，自删朱熹《近思录》和薛瑄《读书录》合为一册，以教育子弟。他主张"求仁复性""存诚主敬"（《山西乡贤录》），同魏象枢往来甚密，魏象枢称他为薛瑄之后第一人。

勤政安民话田铎

田铎，字振之，县城西城里（今西关）人，明成化戊戌科（1478）进士。初任户曹郎。曾受命到四川赈灾，因读敕书不慎遗漏，被降职为蓬州（今四川蓬安县）知州。州东有江洲82顷，均被豪绅占有，田铎全部归田于民。他在当地领导修建大小桥24座，又凿开三溪山，以方便交通。御史巡视部属到了蓬州，对当地没有诉讼感到惊讶，赞叹而去。后来升为广东金事，改任四川参议，未赴任即因病辞职。明正德时，他已82岁，宦官刘瑾假借皇帝命令让他去办理广东盐法，行至九江时去世。

勺水清官卫一凤

卫一凤，字伯瑞，县城通济里（今东关尚书巷）人，明朝万历庚辰（1580）科进士。初任刑部主事时，他亲手下判书，使大理寺挑不出任何差错，下属官吏也无法乘机捣乱，后历升员外郎、郎中，出任绍兴知府。因奔丧离职。后起任他为山东青州知府，施政严明而又简易。听到有人对他的诽谤，巡抚孙镢说："卫青州十分清廉，在青州为官只不过喝了郡中一勺水罢了。他可以同任过知府的富郑公（富弼）相提并论。"还特意上书推荐他。后卫一凤官晋巩昌（今属甘肃省）副使。边界火直人入侵，卫一凤出谋划策，抗击获胜，受到皇帝的奖赏。后因养老送终而离职，服满起任山东副使。工部尚书刘东星因河防事务多，请他改任济宁知府。他一到任就因势利导，堵塞黄家诸口；后转为山东参政，重任青州知府；继又升为应天府丞，杀过当地教会头目刘天绪。当他以右金都御史的身份巡抚郧阳时，秦地百姓起事，他给讲明"利害"，予以解散，平息叛乱，严肃军纪。廉洁自律，离任时把节省的经费7 000多贯放入库中。后官至南京兵部尚书。当时魏忠贤执政，他一再上书辞职。卫一凤返家后，正赶上阳城县建立魏忠贤生祠，知县要落上他的名字，他拒绝说："我罢官正是为了洁身自好，怎么能够因此而涂上污点呢？"不久逝世，享年84岁。死后皇帝赠他太子太保，朝廷遣官员祭葬。其子卫廷宪，字扶区，登进士，历任户部主事、郎中，出任淮安知府，有才能，也以清廉耿介受上司赏识，死于任所。

断案如神的田体清

清嘉庆戊辰（1808）进士田体清，城内人，任湖南益阳知县时，有两家因争房产打官司，各拿明万历年的印契，真假难辨，前几任知县难以判决。体清一看双方印契，便对一方说："你的契书上万历的历"（繁体）字下有缺笔，这是避乾隆皇帝的讳（乾隆名弘历），显然是后造的假契，理屈的一方当即认输。当地人称赞他断案如神。田体清后官至常德府同知。

琉璃名家乔承先

乔承先（1888—1965），著名琉璃工匠。又名继承，阳城东关人。从小继承了琉璃、绘画、塑像的家传。13岁就可独立操作。14岁时，沁水张马修庙，来请其父，父因他事，叫他带领5个徒工前往。当地人见他人小个子低，颇有轻视之意。后见其工艺，十分惊讶。他青年时代，制作甚多。县内崦山白岩寺，城内的关帝庙、开福寺、二郎庙，台头的金台寺，东冶的都堂等地的塑像、绘画都出自他手。他先后去河南的王屋、邵源和高平、晋城、沁水、浮山、安泽等地做工，蜚声四境。1921年，承先和后则腰卫老三合作，开琉璃作坊，制作的花样很多，有二龙戏珠、飞龙、飞马、花盆、花鼓、老寿星、鱼、鳌、狮、虎、象、飞禽等50多种，最大的高至2米，其产品为货商郭某全部包销，运往天津。

20世纪50年代初，陕西省修建西安大厦，请了全国好几个省的几十名琉璃工匠，烧制琉璃瓦，均不理想。后慕名前来请他，他承担了整个大厦的琉璃生产任务。一年后，载誉而归。1957年，后则腰成立了陶瓷厂，乔被请去带徒烧制琉璃，传授技术。他态度和蔼，生性乐观，工余常唱上党梆子来自娱。1958年，他曾先后三次捐献给县里各种琉璃工艺制品150多件，价值66,000元，受到政府的表扬。1960年2月，他被请去太原赶制人民大会堂山西厅需要的塑像，和徒弟吴智到兰村仿制对狮，到晋祠仿制宋雕像。1965年，病逝于家。

文采富丽话田秋

田秋，字艺陶，城内人。从小家穷，喜爱读书，10岁时懂得要弄清经书的主题。他跟田霖普等有名的秀才求学，先生们公认他是才子。当时，周石芳学使看中了曲沃名士张子特，常常夸奖他奇才无敌。但田秋不以为然。周学使听到他的话，要对他当面考试，他欣然同意。经过类目齐备的三场考试，周认为他的功力足可与张子特匹敌。清道光乙酉（1825）中进士，被选为朔平府（府治在今山西省右玉县）教授。未上任，在本县仰山书院任主讲。他文采富丽，风度潇洒，启发了很多后生。不久，授任陕西长武知县。他提倡教育，革除陋规，以廉洁公正的政绩受到当地好评。任期未满就辞职返家，种菊吟诗。著《伴柳亭诗集》。

为民罢官的王用士

王用士，字旗召。祖上从太原迁到阳城化源里。明万历乙酉年（1609）乡试中举，生得聪慧而又凝重，因对继母孝顺而出名。初任河南考城县知县时，有个邻县地痞借势为非作歹，用士将其一伙逮捕法办，使许多豪强歹徒闻风而躲。他因父丧离职，天启七年（1627）起任静海（今属天津市）知县。用士到任后就建立义仓，清理驿路交通、修缮城墙，疏通河渠。用三年时间修成天启版《静海县志》。由于发生洪灾，运粮水道被冲毁，土地庄稼受损，上司石某责令静海县赔偿。用士义正词严地说："发了大水，静海百姓有何罪？你还是问问河神吧！"石某以他出口冲撞不成体统为由上疏罢了他的官。当天，用士毅然上路，面无愧色。百姓流泪送行，不忍分别。回家后杜门谢客。享年69岁。

夫唱妇和的卫昌绩

卫昌绩，字无功，号铁峰。阳城东关人。诗人。福州知府卫立鼎之孙。康熙丙戌科（1706）进士。入翰林院任检讨，在馆阁居住将近二十年。雍正四年（1726）改任江南道监察御史，出京提督广西学政。期满又留任很长时间，后罢官而归。

昌绩读书过目成诵。对《全唐诗》，随便挑选无不记忆。生平工楷书，兼工满文。诗才清绮，对晚唐李玉溪、于濆、刘德仁等人有所揣摩。提学桂林时，常集苏东坡书柳州罗池庙碑记，写出一首五津道：

> 高唐悲暮齿，游子出不归。秋风挂千树，春水船两旗。
> 荔蕉粳灿是，猿鹤人民非。北山应我笑，不知与愿违。

颇得杜牧奥峭之致。有诗一卷藏于家。

昌绩夫妇唱和被传为佳话。其妻王氏，尤工诗。王氏曾写诗道：

> 藕丝衫子柳花裙，斗峭春分近夜分。
> 薄薄新妆君记取，等闲何处觅朝云。

昌绩有个澄泥砚为王氏生前所爱。王氏死后，昌绩写下以《赋砚》为题的悼亡诗：

> 别是东方美者徒，澄泥价例故珣玕。
> 殷勤莫使轻离匣，山上山时化望夫。

京郊廉吏卫立鼎

卫立鼎，字慎之，通济里（今东关村）人。清康熙葵卯年（1633）举人。初任卢龙（今属河北省）知县，后任户部郎中，出任福州知府。年老以知府官职致仕。立鼎在卢龙县任职期间，清廉端正，顺天府巡抚于成龙，列举京城近县廉吏。把立鼎排为第一。刑部尚书魏象枢巡察京郊各县，到卢龙县，立鼎准备设宴招待，魏象枢没有吃饭，只品了品茶水而去，说："知县喝卢龙一杯水，我也喝知县一杯水吧！"立鼎在当时竟如此受人称赞。

布衣诗人张文炳

张文炳，字子潜，城内人。家贫，靠买豆腐糊口。他从小酷爱诗歌，刻苦自学成才。刑部尚书白胤谦（阳城人）对其"门前芝草鹿麋田"的诗句极为赞赏，便与他结为朋友，并给他起号"麋田"。不久，他又以"晒药找残雪"的诗句受到陈廷敬的赏识。陈到北京，向朝内诸臣广为推荐。礼部尚书韩厥、刑部尚书王士祯和吏部侍郎汤右等人都给他赠诗。浙东诗人钱为鼎慕名专程来阳拜访，写了两首七律赞之。其中一首是：

> 貌古眉庞意谿名，袖中佳句逼青莲。
>
> 贫能款客怀常满，穷自工诗老益妍。
>
> 但有清标师靖节，不妨小市隐麋田。
>
> 阳陵处处如图画，着一高人便可传。

著有《麋田诗集》，意境清新，别具神韵。

义高学富的吴登云

吴登云（1885—1936），字瀛仙，阳城人。其父先卖蔬菜，后经营杂货致富。他少读私塾，17岁曾应童子试。清废科举后就读于山西西斋学堂。因家寒，徒步往返，刻苦攻读。1912年，任县议会议长。1923~1924年，先后任临晋、荣河县知事，为官清正，离职时县人百般挽留，并赠给他"万民伞"。返家后，不再出仕。

登云性清高，富才学，常闭门读书，与友人谈诗论文。主持正义，遇到不平之事，即出面与向县署交涉。城内群众反对旧社首贪污社款，一直选他为社首。他着一人专管账目，事后由他过目，自己分文不取。三年任满，改选社首时，他仍连任。

1930年，登云组织"濩泽文社"。曾与田九德、王春等人撰修《阳城县志》。为保存文献，开导后学，他与同社诸人经多方收罗，精选前贤73人诗作，编印成《阳城诗抄》。又复印《介雅堂诗抄》，著有《俚巷琐闻录》，稿已佚失。

画塑漆三绝的马占元

马占元（1889—1942），原籍宋庄，幼孤，过继至西关马家，后居县城南城上。他的画、塑、漆三绝，是清末民国时期名闻晋豫的民间工艺名家。

占元天资聪颖，为人朴实，办事认真，德技双馨。自幼爱画，曾拜师学习琉璃工艺，绘画、泥塑和油漆技艺高超。他善画山水人物、花鸟虫鱼，尤工神仙佛寿图。周边农家常请他画寿星中堂。民国年间，县城隍庙正殿壁画《显佑伯出巡图》被外地人盗去，社首白浦霖请占元去补画。他日思夜绘，画出的《显佑伯出巡图》如旧画复新，与原画相比毫不逊色。他为开福寺画的《八仙过海》，各具仙姿，栩栩如生。为一些关帝庙所作壁画《三战吕布》、《水淹七军》、《五虎下西川》和东成汤庙、二郎庙补修壁画，皆很精致。

有一次，沁水中村修庙，请阳城岳家庄岳某与河南王某各负责一半壁画。岳某艺低，受王某蔑视，愤而返阳求助占元。占元二话没说，前往协助。占元画风简洁，出手不凡，寥寥数笔，即精妙绝伦，观者为之震惊，叫好声不绝于耳，王某见之，傲气顿减，自愧不如，也回乡请来名师焦某助阵，仍未奏效，从此甘拜下风。占元毫不计较，与其结为至交，互研合作完成壁画，被人传颂。

他塑像既发扬传统泥塑技巧，又经常大胆创新，使人物活灵活现。在塑造很多寺庙泥塑中，留下了不少精品。比如宋庄关帝庙、阳邑土地庙、朱村汤帝庙的众多塑像，形神兼备，栩栩如生。杨侯祠所塑真人，更属典范之作。

他的油漆彩绘也堪称一绝。经他手彩绘的阳城与邻县的数十处寺庙建筑的油漆彩绘，雕梁画栋，光彩照人。就是平常给人家承揽的漆器，也没一件不是光滑如镜，色泽鲜亮。他用的油漆，都是自去深山割漆、练漆，熟练地掌握了桐油、老漆（漆树脂）的特性，其熟练程度已达到不看成色只听声就可知漆之好坏的程度。其妻受其影响，用油漆也是行家，他制作的红色油布（从前的家用品，今为塑料布代替），柔软、光亮、不渗水、耐摩擦，是同类产品中的精品，深受好评。

第三节　其他故事

大禹神斧劈石门

相传远古时代，车辐山还是一个大土丘，土丘之上枸杞盛开，山花烂漫，居住着上百户人家，土丘之南是一片方圆数公里的湖泽——瀔泽，远远望去，水面如镜，沙鸥翔集，浩渺无边，湖面下衍生着数不清的生物。湖之南住着酒姓人家，故称酒家岛；湖之西由甄姓人家居住，名叫甄家岛。三地之间以牛皮舟或木筏相通。天晴之日，湖面风平浪静，清波荡漾。但一遇大雨，则波涛汹涌，湖泽横溢，周边百姓家园难保，横遭不测。一日，大禹治水途经瀔泽，忽遇狂风暴雨，瀔泽水位不断上涨，周边的水磨头、鸦崖底、湾村等地村庄相继被湮没，百姓被淹死无数，侥幸逃生者悲痛欲绝，呼天喊地。目睹这一惨状，大禹暗下决心，一定要根治水害，解民于倒悬。大禹一行人带着干粮，扛着锋利的神斧，在湖周的山头往返奔波，寻找对策。行至小崦山附近峡谷，发现两岸山峰似门，中有青石相连，挡住了水的去路。当即决定，以此处为突破口，劈山放水。次日，治水队伍浩浩荡荡开至小崦山脚下，大禹抡动神斧，众人齐心协力，很快便劈开一个大石门，湖水奔腾咆哮而出，数日后，滩涂显露，又现村庄。大禹带领百姓疏通河道，重建家园，清淤复垦。水患解除，人们感戴大禹恩德，在石门口的崖壁上刻下了"大禹神斧劈石门"七个大字，以示纪念，并在小崦山上，修建了一座禹王庙，庙内塑有肩扛神斧的禹王神像。历代朝拜，香火不绝。

称土移城定县治

濩泽故城原在固隆乡泽城村，此处背山临水，风景秀丽。

北魏年间，随着人口的增多，泽城狭小的地方已经不能满足濩泽治所的需要，移城的事情便提上议事日程，但究竟向何处移，却令知县颇费踌躇。当时，备选之地有演礼的坪上、濩泽下游的车辐山、北留等地，讨论多次，也无结果。知县妻子见丈夫不思茶饭，心事重重，便询问原因，知县便将为难之事如实相告，妻子莞尔一笑，出了个主意："何不让这三个地方各自取来一斗细土来，用秤称一称，哪里土重，就把县城迁到哪里，不就行了？"知县一听，也有道理，遂令三个地方各报送一斗土来，重者当选。很快，坪上人送来了一斗地后塄的硬土，北留人送来了一斗地下的湿土，车辐山的人送来了一斗河边淤积的细砂土地，当堂过秤，车辐山的土最重，遂决定将县城迁往车辐山。北魏兴安二年（公元453年），濩泽县治所由泽城迁往车辐山，唐天宝元年，将濩泽县更名为阳城县。

开福枸杞遍地红

濩泽古城坐落在名叫车辐山的土丘上。相传，北魏之前，车辐山上山花烂漫。其中有一种植物不畏风寒，长着翡翠般碧绿的叶子和玛瑙般殷红的果实，人们称之为枸奶奶。时隔数百年，开福禅林建立之后，名闻遐迩，其周围遍地枸杞，人们习惯上将之称为开福枸杞。

开福枸杞的果实有着沁人心脾的香味，它的疗效显著，不同于一般的中药材，是阳城当地特产之一。

开福枸杞浑身是宝，其根、叶、花、果皆可入药，并都有不同的药名和药效。不过，其采摘时间是很有讲究的：春天采其叶，名为天精草，属于补益类药，具有补虚益精、清热明目之功效；夏天采其花，名为生长草，具有滋阴、补肾、健脾之功效；秋天采其果，名为枸杞子，具有养肝明目、补血安神、润肺止咳等功效；冬天采其根，名为地骨皮，具有凉血除蒸、清肺降火等功效。

开福枸杞不但是名贵的中药材，还是上等的保健佳品。除含有一定的蛋白质和糖分外，还含有胡萝卜素、核黄素、抗坏血酸、氨基酸、生物碱等，具有较高的营养价值。

随着县城区域的扩大，久负盛名的开福枸杞也濒临绝迹，现从鸣凤村一带的山坡上和地埂边，仍可见到开福枸杞的身影。

发家煎饼出铁盔

县城民间素有搬迁新居摊发家煎饼的习俗，这个习俗是怎么来的呢？据传，煎饼的起源是从唐代武士所戴的铁盔发展而来的。唐初，战乱频仍，将士们常用铁盔烧饭。为方便食用，军厨依照铁盔的形状仿造出一种有盔、缨、护额、护耳、护颈的灶具，将小米磨成稀粥，上火加油烤成饼子，供应军旅。从此，铁盔形煎饼鏊在民间传开。

民间有一故事讲道，在太行深处，住着一家贫苦憨厚的农民，经过多年积攒，建起两间石屋。这天搬新家，恰遇五百多将士路经此地，村里人拿着各种礼物慰军。这家人为表示心意，将家中新碾的小米一泡、一磨，一发醇，找了七八个煎饼鏊，加上佐料，摊起了煎饼。将士们看到这样贫苦的百姓，虽然个个饥饿难忍，但谁也不肯吃。憨厚人家厚道，苦苦恳求将领，将领推辞不下，令每个士兵吃三个煎饼，留下九枚铜圆。这不，五百个将士自觉掏钱，最后他一数，四千五百个铜圆一文不少。官兵走后，这家人用这些钱买来布匹、田地、耕牛、农具等，还经营起了小本生意，家境很快好起来。

后来人们从憨厚农民发家的故事中得到了启发，于是不管穷家富家搬新房，都要吃发家煎饼。此风俗在阳城流传至今。

穷书生发明香烧肝

烧肝是古城特产，阳城最具特色的地方小吃。阳城烧肝是如何发明的？相传，很久以前，南城墙下住着郝氏三兄弟，老大为屠夫，老二以贩菜为业，老三从小好学，是城内少有的才子。隆冬晚间，有王屋山下的学友来访，老三家中粮招待，想找大哥讨肉待客，无奈老大家只剩半叶猪肝；转到二哥家，筐中也只剩几瓣大蒜。老三拿着半叶猪肝、几瓣大蒜返家，一路寻思：在阳城，猪的内脏（俗称"下水"）是从来不吃的，更不用说招待客人，该如何是好？……

回到家中，他让内人将猪肝和大蒜洗净、剁碎，揉在一块，用菜叶抱住蒸熟切成片，然后与客人每人拿一根竹签，围着火炉烤着吃。顿时，蒜香味、烧肝味弥漫家中。客人吃着这外焦里嫩的食品，大呼"美味"！从此，烧肝即在阳城流传，做法也逐渐精致，成为阳城的一道地方名吃。

焙面娃娃送平安

县城居民素有制作焙面塑的传统，其中以焙面娃娃最为有名。关于焙面娃娃的来历，民间广泛流传着这样一个故事：相传清光绪年间，遭遇特大旱灾，朝臣纷纷上奏年幼的光绪皇帝，禀告由于饥饿难忍，民间出现人吃人的现象。但不谙世事的小皇帝却说："朝廷上下有粮吃，民间吃几个人有何妨？"慈禧听后大为不悦，即刻传令下旨："让民间捏制面食娃娃以替之，切不可再出现人吃人的造孽事！"

那时，山高皇帝远，信息传递慢，圣旨传至阳城，大灾劫难已过，适逢七月十五中元节。于是，劫后余生的百姓奉旨焙制了面娃娃，互相赠送，对大灾中死难的亲属表示缅怀。之后逐渐演变成俗，每逢七月十五，长辈们总要做些焙面娃娃，送给出嫁的姑娘以及年幼的外孙，寓意"丰衣足食"、"平安健康"。

"会起会落同一家"

阳城自古庙会多，庙会大多源于古代以春祈秋报为主要内容的祭祀活动及其他名目繁多的酬神活动。境内的庙会活动除"文化大革命"期间曾一度中断外，一直持续至今。只是新中国成立后的庙会逐渐摒弃了祭祀和酬神的内容（少数庙会仍有烧香、许愿、求神祈福的现象），大都冠以"物资交流淡大会"的会标，物资交流成了现行庙会的主流。阳城庙会素有"会起会落同一家"之说，即在某一个区域内，一年中第一个庙会和最后一个庙会需在同一个村举办，如县城一带，一年中最早的庙会是东关村农历二月十九日庙会，最后一个庙会即农历九月十三日庙会仍在东关举办。

元宵之夜"打铁花"

"打铁花"，是濩泽古城的传统焰火表现形式。旧时，境内每逢元宵节之夜，大都要靠"打铁花"助兴。其方式先是窑头村的山冈上用炼铁炉将大量铁块熔化成铁水，再用长把勺板舀起铁水用力击打，使铁水四溅。从远处看去，恰似火花怒放，蔚为壮观。清乾隆年间知县出身的诗人延君寿（阳城北音村人）曾写《铁花行》，对"打铁花"的视觉效果进行了生动的描写：

> 底死儿童不肯归，西山己见堕斜晖。
> 铁花迸出珊瑚颗，深夜林中百道飞。

20世纪90年代以来，由于现代烟花技术的普及，"打铁花"因之被淘汰。

如诗如画放河灯

旧时每逢农历六月二十四日，境内有"放河灯"的习俗。届时，城内外沿河群众用纸扎成千万枝灯花，放入河中，随波逐流，还有僧众设坛诵经，超度溺鬼。清代境内诗人张晋曾写有《河灯行》，描写了当时"放河灯"的情景：

> 十百千盏放河中，飘飘泛泛如行空。
> 河中溺鬼拍手笑，将灯擎向黄泉照。

水势曲折像山隈，纸灯过处如传杯。

或洄或止或沉底，群儿笑逐声喧咺（hui）。

夜深天黑风怒吼，万点溜光射星斗。

将此俗渲染得惟妙惟肖，使人有身临其境之感。

千佛阁美诗更美

开福寺是县城从濩泽城迁来现址一百年后修建的，是濩泽古城最古老的一座佛教寺庙。该寺有座千佛阁，位于开福寺最北端，背靠街衢，高耸秀美，阁内四壁雕塑着数千尊大小佛像，姿态各异，活灵活现。游人曾以"选胜曾登千佛阁，探奇还上九仙台"和"阁高入云耸，游人登太空。千佛迎面笑，俱在不言中"的佳句来赞美它，意境颇美。

后 记

山围故土城池在，月照当头影子随。

月光从山边流淌过来，倾泻在我的头上，映照着我的内心。这是清末民初的月光吗？

我站在城墙上，思绪已飞到一百多年前，我凭着兴趣想象并勾勒着故城的模样。

时空的距离让濩泽古城在心中变得更加缥缈。然而，这个古老的小城，它的内涵却是那样的深，经历了无数的春花秋月，经历了时光的反复洗礼，从这留下的些许积淀中，我能知道多少？能发现几何？

我已年逾天命，正行走在通往花甲的途中。

回首生命中的五十多个年轮，即有三十多年是在这个小城度过的。我二十岁从学校毕业即分配到这里参加了工作，成了家，把青春、欢笑和惆怅都留在了这里。

我在这里从青年走向壮年，从懵懂渐渐走向成熟。

我感谢这里。

这里的一草一木我都感到无比亲切。特别是在旧县衙前居住的那些日子，曾经萌发过把旧城写下来的冲动，无奈俗务缠身，一直没有时间。

还好，这本书终于被逼出来了。

第一个提出为濩泽古城写一本专著的，是山西大学副校长行龙先生，行校长说从古到今尚无一部关于这座古城的专著，他希望由我完成这一课题，我一口应承下来。时间是2014年夏天，这一年，我浪得虚名，有幸成为山西大学社会史研究中心特聘教授，此后又随沁河风韵学术考察团沿河考察，本书正是这次考察活动所产生的三十多部成果中的一部。

因资料零碎，古物多已不存，故写作的难度不小。但既然膺此重任，也只好勉力为之了。

必须承认，这部书也是在匆忙中完成的。准确地说，是这个春节帮了我大忙，使我得以安下心来，从事这本书的写作。我从众多的资料中，发微爬梳，收集着一点一滴关于古城的信息。郭向阳副县长多次过问资料征集之事，对本书的编撰给予了大力支持。年逾古稀的老人璩鸿琪、田软梅、王廷智等凭着广泛的阅历和高度的热情，提供了不少力所能及的帮助。吉朝阳、常虹同志也热情地将他们拍摄的照片提供给我，在此一并表示感谢。

目前，县政府正在致力于古城复兴，盼望这本小书对此能有些许的用处。

我抛出这块小砖，自是希望能引来好玉。大量的资料挖掘还有待来者。同时，热忱地希望广大读者对本书提出批评意见，以便今后有机会做进一步的修改。

最后，为了便于记忆，我将濩泽古城中较为重要的部分编成了一段顺口溜，以飨游者：

> 濩泽城，世稀有，楼台建在墙上头。
>
> 蓑翁钓，沙鸥翔，舜渔濩泽史册扬。
>
> 挥神斧，天上来，大禹治水石门开。
>
> 奏大濩，舞桑林，商汤祷雨感世人。
>
> 驾长车，观农桑，穆王巡泽丝路长。
>
> 魁星阁，望南山，无边青翠扑栏杆。
>
> 文昌宫，对文峰，毓秀钟灵人中龙。
>
> 孔圣庙，明伦堂，治国修身出贤能。
>
> 司农府，十三院，不修南房真鲜见。
>
> 御史第，将军府，巷头巷尾现文武。

开福寺，千佛阁，万古禅林音尘绝。
老县衙，典史厅，明月清风照古今。
十进士，十举人，十凤齐鸣数家珍。
司城第，归庸斋，八座双隆栋梁材。
明万历，修城墙，忙了天官王国光。
通济街，相府院，布衣宰相田从典。
怀古里，司上巷，清官天官两牌坊。
酱馆巷，苏家院，佛光普照有祇园
保宁寺，蔚文门，光影交替好辉煌。
艾伟德，耶稣堂，六福客栈美名扬。
关帝庙，春秋阁，前代敕建青杨末。
台上台，屋里槐，三丈六尺天王台。
鱼上树，马登枝，风景绝美数西池。
桥上桥，庙里庙，古槐阳光千秋照。
就峰岭，东灵寺，坐佛和尚出米脂。
宝带桥，清风厅，官道五里迎贵人。

王家胜
2016年6月5日于阳城

清道光年间绘制的蔑泽古城图

县城古建位置平面图

县城　田秋梅　绘图

2015.06.

濮泽古城平面图